البَتْراءُ

رائِد بدِر

PETRA

MODERN STANDARD ARABIC READER — BOOK 20

BY RAED BADER

lingualism

ISBN: 978-1-949650-78-5

Written by Raed Bader

Edited by Ahmed Younis and Matthew Aldrich

Arabic translation* by Ahmed Younis

Cover art by Duc-Minh Vu

Audio by Eyad ElSaqqa

** from the original Levantine Arabic to Modern Standard Arabic*

website: www.lingualism.com

email: contact@lingualism.com

INTRODUCTION

The **Modern Standard Arabic Readers** series aims to provide learners with much-needed exposure to authentic language. The books in the series are at a similar level (B1-B2) and can be read in any order. The stories are a fun and flexible tool for building vocabulary, improving language skills, and developing overall fluency.

The main text is presented on even-numbered pages with tashkeel (diacritics) to aid in reading, while parallel English translations on odd-numbered pages are there to help you better understand new words and idioms. A second version of the text is given at the back of the book, without the distraction of tashkeel and translations, for those who are up to the challenge.

New to this edition: the English translations have been revised for improved clarity and accuracy. Each story now also includes **20 comprehension questions** with example answers to help reinforce your understanding of the text. A **sequencing exercise** is provided as well, where you'll put ten key events from the story back in their correct order. These additions make the book even more useful for self-study, classroom use, or group discussions.

Visit www.lingualism.com/audio, to stream or download the free accompanying audio.

This book is also available in Levantine Arabic at www.lingualism.com/lar.

البَتْراءُ

"رامي، ما رَأْيُكَ في الذَّهابِ في رِحْلَةٍ؟ أنا وَأَنْتَ فَقَطْ؟"

"نَعَمْ، لِمَ لا؟ إلى أَيْنَ؟"

"إلى البَتْراءِ."

"مَتى نَذْهَبُ؟"

"يَوْمَ عيدِ ميلادي."

"صَحيحٌ، عيدُ ميلادِكَ اقْتَرَبَ. وَهَلْ سَيُوافِقُ والِدُكَ وَوالِدَتُكَ؟"

"أَنا لَسْتُ طِفْلًا. أَبْلُغُ مِنَ العُمْرِ 30 عامًا الآنَ. بِالإِضافَةِ إِلى أَنَّكَ مَعي."

"لَكِنْ يا عَزيزُ، أَنْتَ تَعْلَمُ أَنَّ والِدَيْكَ لا يُطيقانِني."

"هَذا لَيْسَ شَيْئًا جَديدًا. لَقَدْ كانوا يُحاوِلونَ تَفْرِقَتَنا مُنْذُ أَنْ كُنّا في المَدْرَسَةِ."

"بِالإِضافَةِ أَنَّني مُفْلِسٌ. لَيْسَ مَعي نُقودٌ."

"لا مُشْكِلَةَ. سَأَتَدَبَّرُ الأَمْرَ."

Petra

"Ramy, what do you think about going on a trip? Just you and me?"

"Yes, why not? Where to?"

"To Petra."

"When are we going?"

"On my birthday."

"Right, your birthday is coming up. Will your parents agree?"

"I'm not a child. I'm 30 years old now. Besides, you're with me."

"But, Aziz, you know your parents can't stand me."

"That's nothing new. They've been trying to separate us since we were in school."

"Besides, I'm broke. I don't have any money."

"No problem. I'll take care of it."

"حَسَنًا، مُوافِقٌ. سَيَكونُ أَفْضَلَ عيدِ ميلادٍ."

"سَأُخْبِرُهُمْ بِذَلِكَ وَأُعْلِمُكَ لِتَسْتَعِدَّ."

❖ ❖ ❖

أَنا عَزيزُ أَحْمَدُ، شابٌّ أُرْدُنِيٌّ. لَمْ أُكْمِلْ تَعْليمي لِأَسْبابٍ صِحِّيَّةٍ. عُمْري 30 عامًا وَما زِلْتُ أَعيشُ مَعَ عائِلَتي. لَمْ أَتَزَوَّجْ وَحَتّى أَنَّني لَمْ أَتَعَرَّفْ عَلى بِنْتٍ. لَدَيَّ صَديقٌ واحِدٌ، رامي، صَديقي مِنْ أَيّامِ المَدْرَسَةِ. اِعْتَدْنا أَنْ نَدْرُسَ سَوِيًّا، وَغالِبًا ما كانَ يَنامُ في بَيْتِنا وَكُنّا نَتَحَدَّثُ حَتّى الصَّباحِ.

لَكِنَّ عائِلَتي لا تُحِبُّهُ لِأَنَّهُمْ يَعْتَقِدونَ أَنَّ لَهُ تَأْثيرًا سَلْبِيًّا عَلَيَّ وَعَلى حَياتي الِاجْتِماعِيَّةِ، لِأَنَّ عائِلَتَهُ فَقيرَةٌ وَنَحْنُ أَغْنِياءُ. لَقَدْ حاوَلوا كَثيرًا أَنْ يُفَرِّقونا، وَعِنْدَما اسْتَسْلَموا، طَلَبوا مِنّي مُقابَلَتَهُ في المَنْزِلِ، وَأَلّا نَذْهَبَ لِلْأَماكِنِ العامَّةِ. وافَقْتُ لِأَجْلِ التَّخَلُّصِ مِنَ الإِزْعاجِ. الآنَ أُريدُ أَنْ أُسافِرَ مَعَهُ لِمُدَّةِ ثَلاثِ لَيالٍ إِلى البَتْراءِ. لا أَعْرِفُ كَيْفَ سَيَكونُ رَدُّ فِعْلِهِمْ عِنْدَما يَعْلَمونَ بِذَلِكَ.

“Alright, I agree. This will be the best birthday.”

“I’ll tell them and let you know so you can prepare.”

I am Aziz Ahmed, a young Jordanian. I didn’t complete my education due to health reasons. I’m 30 years old and still live with my family. I’m not married and have never even been in a relationship with a woman. I have only one friend, Ramy, my friend since school days. We used to study together, and he often slept over at my house, and we would talk until morning.

But my family doesn’t like him because they believe he has a negative influence on me and my social life, as his family is poor while we are wealthy. They have tried many times to separate us, and when they gave up, they insisted that I only meet him at home and not go out with him to public places. I agreed just to avoid the hassle. Now, I want to travel with him for three nights to Petra. I don’t know how my family will react when they find out.

قَبْلَ يَوْمَيْنِ مِنْ عيدِ ميلادي، بَيْنَما كُنْتُ أَتَناوَلُ العَشاءَ مَعَ والِدي في المَنْزِلِ. وَبَيْنَما كُنّا نَأْكُلُ، سَأَلَتْني والِدَتي: "عَزيزُ، ما الهَدِيَّةُ الَّتي تَوَدُّ أَنْ نُحْضِرَها لَكَ أَنا وَوالِدُكَ في عيدِ ميلادِكِ؟"

أَجَبْتُ دونَ تَرَدُّدٍ: "رِحْلَةٌ إِلى البَتْراءِ لِمُدَّةِ ثَلاثِ لَيالٍ."

سَأَلَتْ أَبي: "أَحْمَدُ، هَلْ يُمْكِنُنا الذَّهابُ إِلى البَتْراءِ لِمُدَّةِ ثَلاثِ لَيالٍ؟ هَلْ لَدَيْكَ وَقْتٌ؟"

قَبْلَ أَنْ يُجيبَها أَبي، قُلْتُ: "أُريدُ أَنْ أَذْهَبَ أَنا وَرامي فَقَطْ."

نَظَرَ أَبي وَأُمّي إِلى بَعْضِهِما البَعْضِ، وَقالَ أَبي بِهُدوءٍ: "لا يُمْكِنُكَ أَنْ تُسافِرَ لِوَحْدِكَ."

أَجَبْتُهُ: "لَكِنَّني لَسْتُ وَحْدي. مَعي رامي."

"يا عَزيزُ، هَذا أَكْثَرُ ما يُخيفُني. رامي لا زالَ في حَياتِكَ، وَتُريدُ السَّفَرَ مَعَهُ أَيْضًا؟"

عِنْدَما رَأَتْ أُمّي أَنَّ أَبي بَدَأَ يَغْضَبُ، قالَتْ لي: "حَبيبي، أُتْرُكْنا أَنا وَوالِدَكَ قَليلًا."

[2:58]

Two days before my birthday, while I was having dinner with my parents at home, as we were eating, my mother asked me: "Aziz, what gift would you like me and your father to get you for your birthday?"

I answered without hesitation: "A trip to Petra for three nights."

My mother turned to my father and asked: "Ahmad, can we go to Petra for three nights? Do you have time?"

Before my father could answer her, I said, "I want to go with Ramy only."

My father and mother looked at each other, and my father calmly said, "You can't travel alone."

I replied, "But I'm not alone. Ramy is with me."

"Aziz, that's exactly what worries me the most. Ramy is still in your life, and now you want to travel with him too?"

When my mother saw that my father was starting to get angry, she said to me, "Sweetheart, leave us alone for a little while."

صَعَدْتُ إِلَى الطَّابَقِ الْعُلْوِيِّ لَكِنَّنِي لَمْ أَدْخُلْ غُرْفَتِي. جَلَسْتُ عَلَى الدَّرَجِ لِأَسْمَعَ ما سَيُقَرِّرُونَهُ.

"ما رَأْيُكَ يا أَحْمَدُ؟"

"يا رِيما، لَمْ يَسْبِقْ لِعَزِيزٍ أَنْ سافَرَ بِمُفْرَدِهِ. أَنا قَلِقٌ عَلَيْهِ."

"رَأْيِي أَنْ نَسْأَلَ طَبِيبَهُ. رُبَّما يَكُونُ لَدَيْهِ وِجْهَةُ نَظَرٍ مُخْتَلِفَةٌ."

أَحْضَرَ أَبِي هاتِفَهُ وَاتَّصَلَ بِالطَّبِيبِ، وَوَضَعَهُ عَلَى مُكَبِّرِ الصَّوْتِ حَتَّى تَسْمَعَ أُمِّي.

"مَساءُ الخَيْرِ دُكْتُور. آسِفٌ إِذا كُنْتُ أَتَّصِلُ بِكَ في وَقْتٍ مُتَأَخِّرٍ."

"مَساءُ الخَيْرِ. إِطْلاقًا، هَلْ عَزِيزٌ بِخَيْرٍ؟"

"نَعَمْ، إِنَّهُ بِخَيْرٍ، وَلَكِنْ أَرَدْتُ أَنا وَرِيما أَنْ نَسْتَشِيرَكَ في شَيْءٍ."

"بِالطَّبْعِ، تَفَضَّلْ."

وَأَوْضَحَتْ أُمِّي لِلطَّبِيبِ: "عِيدُ مِيلادِ عَزِيزٍ بَعْدَ يَوْمَيْنِ، وَيُرِيدُ الذَّهابَ إِلَى البَتْراءِ لِوَحْدِهِ لِمُدَّةِ ثَلاثِ لَيالٍ."

قاطَعَها أَبِي: "يا لَيْتَهُ كانَ بِمُفْرَدِهِ. رامي مَعَهُ يا دُكْتُور. أَلَنْ نَتَخَلَّصَ مِنْ رامي هذا؟"

[4:34]

I went upstairs, but I didn't go into my room. I sat on the stairs to listen to what they would decide.

"What do you think, Ahmad?"

"Rima, Aziz has never traveled alone before. I'm worried about him."

"I think we should ask his doctor. Maybe he has a different perspective."

My father picked up his phone, called the doctor, and put it on speaker so my mother could hear.

"Good evening, Doctor. Sorry if I'm calling you late."

"Good evening. Not at all, is Aziz okay?"

"Yes, he's fine, but Rima and I wanted to consult you about something."

"Of course, go ahead."

My mother explained to the doctor, "Aziz's birthday is in two days, and he wants to go to Petra alone for three nights."

My father interrupted, "I wish he was alone. Ramy is with him, Doctor. Will we ever get rid of this Ramy?"

تابَعَتْ أُمّي كَلامَها: "وَفَكَّرْنا في اسْتِشارَتِكَ قَبْلَ أَنْ نَقولَ نَعَمْ أَوْ لا."

أَجابَ الطَّبيبُ: لَطالَما حاوَلْتُ أَنْ أَحُثَّ عَزيزًا عَلى القِيامِ بِنَشاطاتٍ تَجْعَلُهُ يَتَعامَلُ مَعَ النّاسِ بِشَكْلٍ مُباشِرٍ دونَ الِاعْتِمادِ عَلَيْكُما. شَجَّعْتُهُ عَلى اسْتِخْدامِ الفيسْ بوكْ مَثَلًا وَرَفَضَ، أَعْتَقِدُ أَنَّهُ طالَما جاءَتْ فِكْرَةُ السَّفَرِ مِنْهُ، فَهَذِهِ فُرْصَةٌ مُمْتازَةٌ لِلْغايَةِ لِتَنْمِيَةِ مَهاراتِهِ الِاجْتِماعِيَّةِ."

وَتابَعَ الطَّبيبُ: "مِنْ وُجْهَةِ نَظَري المِهَنِيَّةِ، أَشَجِّعُ هَذِهِ الخُطْوَةَ كَثيرًا."

لِلْمَرَّةِ الأولى شَعَرْتُ أَنَّني بَدَأْتُ أُحِبُّ الدُّكْتورَ عارِفٍ. اِعْتَدْتُ أَنْ أَفْعَلَ عَكْسَ ما يَقولُهُ لي تَمامًا. بِالفِعْلِ حاوَلَ إِقْناعي بِإِنْشاءِ حِسابٍ عَلى الفيسْ بوكْ، لَكِنَّني رَفَضْتُ. أَنا أُحِبُّ خُصوصيَّتي، وَلا أُحِبُّ التَّحَدُّثَ إِلى الغُرَباءِ.

❖ ❖ ❖

دُقَّ بابُ غُرْفَتي بَعْدَ حَوالَيْ ساعَةٍ.

"أُدْخُلْ!"

[6:15]

My mother continued, "So we thought we'd consult you before saying yes or no."

The doctor responded, "I've always tried to encourage Aziz to engage in activities that help him interact with people directly without relying on you both. I encouraged him to use Facebook, for example, but he refused. I think that since the idea of travel came from him, this is an excellent opportunity to develop his social skills."

The doctor continued, "From a professional standpoint, I strongly support this step."

For the first time, I started to like Dr. Aref. I used to do the exact opposite of whatever he told me. He really did try to convince me to create a Facebook account, but I refused. I like my privacy, and I don't like talking to strangers.

❖   ❖   ❖

About an hour later, there was a knock on my bedroom door.

"Come in!"

”حَبيبي، تَحَدَّثْتُ إلى والِدِكَ وَوافَقَ أَنْ تَذْهَبَ وَلَكِنْ بِشَرْطٍ واحِدٍ.“

”ما هُوَ الشَّرْطُ؟“

”أَنْ تَتَّصِلَ بِنا كُلَّ يَوْمٍ، مَرَّةً في الصَّباحِ وَمَرَّةً في المَساءِ مِنَ الفُنْدُقِ. سَيَحْجِزُ لَكَ والِدُكَ تَذْكِرَةَ الحافِلَةِ وَغُرْفَةَ الفُنْدُقِ مَعَ الإِفْطارِ وَالعَشاءِ. يوجَدُ مُرْشِدٌ سِياحِيٌّ في الفُنْدُقِ سَيَأْخُذُكَ مَعَ مَجْموعَةٍ لِتَرى الآثارَ وَيَشْرَحَ لَكَ عَنْها. عِدْني أَلّا تَخْرُجَ بِمُفْرَدِكَ.“

”أَعِدُكِ، وَلَكِنْ أُطْلُبي مِنْهُ أَنْ يَحْجِزَ لِشَخْصَيْنِ.“

”حَسَنًا، سَأُخْبِرُهُ.“

نَزَلَتْ أُمّي إلى الطّابَقِ السُفْلِيِّ لِلْتَّحَدُّثِ مَعَ أَبي، وَكَالعادَةِ جَلَسْتُ عَلى الدَّرَجِ لِأَسْتَمِعَ لِما سَيَقولونَهُ. أَتَساءَلُ كَيْفَ لَمْ يَكْتَشِفوا أَنَّني أَتَنَصَّتُ عَلَيْهِمْ حَتّى الآنَ. أَخْبَرَتْ أُمّي أَبي بِما حَصَلَ، وَبِمُجَرَّدِ أَنْ قالَتْ لَهُ: ”عَزيزٌ يُريدُنا أَنْ نَشْتَرِيَ تَذْكِرَتَيْنِ وَنَحْجِزَ لِشَخْصَيْنِ“، اِنْزَعَجَ أَبي وَقالَ: ”أَأَشْتَري تَذْكِرَتَيْنِ أَيْضًا؟“

[7:48]

"Sweetheart, I spoke to your father, and he agreed to let you go—but on one condition."

"What's the condition?"

"You must call us every day—once in the morning and once in the evening—from the hotel. Your father will book your bus ticket and a hotel room with breakfast and dinner included. There will be a tour guide at the hotel who will take you and a group to see the historical sites and explain them to you. Promise me you won't go out alone."

"I promise, but ask him to book for two people."

"Okay, I'll tell him."

My mother went downstairs to talk to my father, and as always, I sat on the stairs to listen to what they would say. I wonder how they haven't realized yet that I eavesdrop on them. My mother told my father what had happened, and as soon as she said, "Aziz wants us to buy two tickets and book for two people," my father got annoyed and said, "Should I buy two tickets too?"

قالَتْ لَهُ أُمّي: ”لا بَأْسَ يا أَحْمَدَ. لَيْسَ بِالأَمْرِ الجَلَلِ طالَما أَنَّ هَذا سَيُريحُهُ.“

أَجابَ أَبي: ”لَكِنْ يا ريما، أَصْبَحَ الأَمْرُ مُرْهِقًا. لَيْسَ عِنْدي أَغْلى مِنْ عَزيزٍ. عَزيزٌ هُوَ ابْني الوَحيدُ، وَأُريدُهُ أَنْ يَكونَ أَفْضَلَ شَخْصٍ في العالَمِ وَيَعيشَ حَياةً طَبيعِيَّةً، يَتَعَرَّفُ عَلى النّاسِ، يَعْتَمِدُ عَلى نَفْسِهِ. وَأُريدُهُ أَيْضًا أَنْ يَتَزَوَّجَ. أَتَمَنّى أَنْ أَرى أَطْفالَهُ. لَنْ أَبْقى مَوْجودًا بِجانِبِهِ إِلى الأَبَدِ. مِنْ سَيُديرُ الشَّرِكَةَ بَعْدي؟“

”فَلْيُعْطِكَ اللَّهُ الصِّحَةَ وَطولَ العُمْرِ. لا تَقُلْ هَذا.“

”سَأَفْعَلُ ما يُريدُهُ.“

أَبي يُريدُني أَنْ أَكونَ مِثْلَهُ، لَكِنَّني لَسْتُ مِثْلَهُ، وَلَسْتُ مِثْلَ أَيِّ شَخْصٍ آخَرَ. يَظُنُّ أَنَّني فاشِلٌ وَأَنَّ سَبَبَ فَشَلي هُوَ صَديقي رامي ، لَكِنَّهُ لا يَفْهَمُ شَيْئًا.

دَخَلْتُ غُرْفَتي لأُجَهِّزَ حَقيبَتي. أَخَذْتُ كُلَّ الأَشْياءِ الَّتي أَحْتاجُها، مَلابِسَ وَحِذاءً لِلْمَشْيِ وَسَمّاعاتٍ وَفُرْشاةَ الأَسْنانِ وَمَعْجونَ الأَسْنانِ وَشَفْرَةَ الحِلاقَةِ. وَتَحَدَّثْتُ مَعَ رامي لِكَيْ يَسْتَعِدَّ وَيَلْتَقي بي في الصَّباحِ عِنْدَ مَحَطَّةِ الحافِلاتِ.

[9:25]

My mother replied, "It's okay, Ahmad. It's not a big deal as long as this will make him happy."

My father responded, "But Rima, this is getting exhausting. There's nothing more precious to me than Aziz. Aziz is my only son, and I want him to be the best person in the world and live a normal life— meet people, become independent. I also want him to get married. I want to see his children. I won't always be around for him. Who will run the company after me?"

"May God grant you health and a long life. Don't say that."

"I'll do what he wants."

My father wants me to be like him, but I am not like him, and I am not like anyone else. He thinks I am a failure and that my failure is because of my friend Ramy, but he doesn't understand anything.

I went into my room to pack my bag. I took everything I needed— clothes, walking shoes, headphones, a toothbrush, toothpaste, and a razor. Then I spoke with Ramy so he could get ready and meet me in the morning at the bus station.

❖ ❖ ❖

في صَباحِ اليَوْمِ التّالي، أَوْصَلَني أَبي إلى مَحَطَّةِ الحافِلاتِ، وَقَبْلَ أَنْ أَنْزِلَ، قالَ: "عَزيزُ، اِعْتَنِ بِنَفْسِكَ وَاسْتَمْتَعْ بِوَقْتِكَ، خُذْ هَذا المالَ وَاحْتَفِظْ بِهِ. عيدُ ميلادٍ سَعيدٍ يا حَبيبي."

"شُكْرًا لَكَ أَبي. أَنا سَعيدٌ لِأَنَّكَ وافَقْتَ عَلى ذَهابي."

"اِذْهَبِ الآنَ حَتّى لا تَفوتَكَ الحافِلَةُ."

"حَسَنًا."

خَرَجْتُ مِنَ السَّيّارَةِ. كانَ هُناكَ الكَثيرُ مِنَ النّاسِ بِجوارِ الحافِلَةِ، لَكِنَّني لَمْ أَرَ رامي. كانَ لا يَزالُ هُناكَ خَمْسَ عَشْرَةَ دَقيقَةً قَبْلَ أَنْ تُغادِرَ الحافِلَةُ. وَضَعْتُ حَقيبَتي وَذَهَبْتُ لِشُرْبِ الشّايِ في المَقْصَفِ. شَرِبْتُ فِنْجانَ الشّايِ، وَذَهَبْتُ لِلْبَحْثِ عَنْ رامي، وَوَجَدْتُهُ يَنْتَظِرُني بِجوارِ الحافِلَةِ.

"صَباحُ الخَيْرِ. لِماذا تَأَخَّرْتَ؟"

"صَباحُ الخَيْرِ. لَمْ أَتَأَخَّرْ. لا يَزالُ هُناكَ خَمْسُ دَقائِقَ قَبْلَ المَوْعِدِ المُحَدَّدِ لِلْحافِلَةِ."

"فاتَكَ فِنْجانُ الشّايِ".

[11:21]

❖ ❖ ❖

The next morning, my father drove me to the bus station, and before I got out, he said, "Aziz, take care of yourself and enjoy your time. Take this money and keep it. Happy birthday, my dear."

"Thank you, Dad. I'm happy that you agreed to let me go."

"Go now so you don't miss the bus."

"Okay."

I got out of the car. There were many people around the bus, but I didn't see Ramy. There were still fifteen minutes before the bus was scheduled to leave. I put my bag down and went to get some tea at the café. After drinking my cup of tea, I went to look for Ramy and found him waiting for me near the bus.

"Good morning. Why are you late?"

"Good morning. I'm not late. There are still five minutes before the scheduled departure time for the bus."

"You missed the cup of tea."

"بِالهَناءِ والشِّفاءِ. هَيّا لِنَصْعَدَ؟ كُلُّ الرُّكّابِ في مَقاعِدِهِمْ."

صَعَدْنا إِلى الحافِلَةِ وَجَلَسْنا في مَقاعِدِنا، ثُمَّ أَقْلَعْنا. تَسْتَغْرِقُ الرِّحْلَةُ ما بَيْنَ ثَلاثِ إِلى أَرْبَعِ ساعاتٍ مِنْ عَمّانَ إِلى البَتْراءِ عَلى الطَّريقِ الصَّحْراوِيِّ. نامَ رامي بَعْدَ أَقَلِّ مِنْ خَمْسِ دَقائِقَ. يَبْدو أَنَّهُ تَأَخَّرَ في نَوْمِهِ البارِحَةَ لِيُجَهِّزَ حَقيبَتَهُ. وَيَبْدو أَنَّني سَأَنامُ أَيْضًا، لِكَيْ نَصِلَ إِلى البَتْراءِ بِكامِلِ الحَيَوِيَّةِ.

❖ ❖ ❖

اِسْتَيْقَظْتُ عَلى صَوْتِ نُزولِ النّاسِ مِنَ الحافِلَةِ. أَيْقَظْتُ رامي وَنَزَلْنا. أَخَذْتُ حَقيبَتي وَذَهَبْتُ إِلى الفُنْدُقِ. كانَتِ السّاعَةُ حَوالَيْ العاشِرَةَ صَباحًا. ذَهَبَ رامي إِلى الحَمّامِ بَيْنَما ذَهَبْتُ إِلى مَكْتَبِ الاِسْتِقْبالِ لِآخُذَ مِفْتاحَ الغُرْفَةِ. قالَتْ لي مُوَظَّفَةُ الاِسْتِقْبالِ: "صَباحُ الخَيْرِ! أَهْلًا بِكَ في البَتْراءِ. هُوِيَّتُكَ، مِنْ فَضْلِكَ؟"

"صَباحُ الخَيْرِ. تَفَضَّلي."

"حَجْزُكَ هُوَ غُرْفَةٌ مُزْدَوَجَةٌ. بِإِمْكاني إِعْطائُكَ غُرْفَةً بِسَريرٍ كَبيرٍ لِتَرْتاحَ أَكْثَرَ."

"هَلْ لي بِغُرْفَةٍ بِسَريرَيْنِ، مِنْ فَضْلِكِ؟"

[12:57]

"Bon appetit. Shall we board? The passengers are all in their seats."

We boarded the bus and took our seats, then we departed. The journey from Amman to Petra takes between three to four hours on the desert highway. Ramy fell asleep in less than five minutes. It seems he stayed up late last night preparing his bag. And it looks like I'll sleep too so we can arrive in Petra feeling refreshed.

❖   ❖   ❖

I woke up to the sound of people getting off the bus. I woke Ramy up, and we got off. I took my bag and went to the hotel. It was around ten in the morning. Ramy went to the bathroom while I went to the reception desk to collect the room key. The receptionist said to me, "Good morning! Welcome to Petra. Your ID, please?"

"Good morning. Here you go."

"Your reservation is for a double room. I can offer you a room with a large bed for more comfort."

"Could I have a room with two beds, please?"

"سَأرى ما المُتَوَفِّرُ عِنْدي. أَمْهِلْني لَحْظَةً."

"بِالتَّأْكيدِ."

بَعْدَ بِضْعِ دَقائِقَ، قالَتْ لي: "لَقَدْ وَجَدْتُ لَكَ غُرْفَةً بِسَريرَيْنِ تُطِلُّ عَلى المَسْبَحِ. هَلْ يُناسِبُكَ ذَلِكَ؟"

"نَعَمْ، مُمْتازٌ، شُكْرًا".

"إِلَيْكَ المِفْتاحُ، وَسَيَأْخُذُ زَميلي حَقائِبَكَ إِلى الغُرْفَةِ. الإِفْطارُ مِنَ السّاعَةِ السّابِعَةِ إِلى السّاعَةِ الحادِيَةَ عَشْرَةَ. وَالعَشاءُ مِنَ السّاعَةِ السّادِسَةِ إِلى التّاسِعَةِ."

واصَلَتْ كَلامَها وَهِيَ تُعْطيني وَرَقَةً: "هَذا هُوَ اسْمُ المُسْتَخْدِمِ وَكَلِمَةُ المُرورِ لِلْإِنْتَرْنِتْ. يُمْكِنُكَ اسْتِخْدامَهُ في أَيِّ مَكانٍ في الفُنْدُقِ."

"هَلْ يُمْكِنُكِ أَنْ تُعْطيني مِفْتاحًا ثانِيًا لِصَديقي؟"

"بِالتَّأْكيدِ، تَفَضَّلْ."

سَأَلْتُها: "مَتى سَتَبْدَأُ الجَوْلَةُ؟"

"سَتَبْدَأُ اليَوْمَ عِنْدَ السّاعَةِ الحادِيَةَ عَشْرَةَ وَالنِّصْفِ صَباحًا. باقٍ نِصْفُ ساعَةٍ لِلْمَقْصَفِ. بِإِمْكانِكَ تَناوُلُ الإِفْطارِ إِذا كُنْتَ تَوَدُّ ذَلِكَ. المَقْصَفُ في الطّابَقِ الأَوَّلِ."

[14:44]

"I'll check what's available. Give me a moment."

"Of course."

After a few minutes, she said, "I found a room with two beds overlooking the pool. Would that be suitable for you?"

"Yes, perfect. Thank you."

"Here is your key, and my colleague will take your luggage to your room. Breakfast is from seven to eleven, and dinner is from six to nine."

She continued speaking as she handed me a paper: "This is the username and password for the internet. You can use it anywhere in the hotel."

"Could you give me a second key for my friend?"

"Of course, here you go."

I asked her, "When does the tour start?"

"The tour will start today at 11:30 AM. There are still 30 minutes left for the buffet. You can have breakfast if you'd like. The buffet is on the first floor."

"شُكْرًا لِلُطْفِكِ."

"اِسْمي مَرْيَمُ. لا تَتَرَدَّدْ في سُؤالي إِنِ احْتَجْتَ أَيَّ شَيْءٍ."

"بِالتَّأْكيدِ، شُكْرًا لَكِ."

أَخَذَ المَوَظَّفُ حَقيبَتي وَذَهَبَ لِوَضْعِها في الغُرْفَةِ. جَلَسْتُ وَانْتَظَرْتُ وُصولَ رامي في الرُدْهَةِ، وَبَعْدَ خَمْسِ دَقائِقَ جاءَ مُتَسَلِّلًا مِنْ ورائي وَقالَ: "أَلَنْ نَتَناوَلَ الفَطورَ؟ أَنا أَتَضَوَّرُ جوعًا."

قُلْتُ لَهُ: "لِنَذْهَبْ! كُنْتُ في انْتِظارِكَ. في الحَقيقَةِ، باقٍ خَمْسَ عَشْرَةَ دَقيقَةً وَسَيُزيلونَ المَقْصَفَ."

صَعَدْنا إِلى الطّابِقِ الأَوَّلِ وَدَخَلْنا المَطْعَمَ. كانَ المَقْصَفُ كَبيرًا، وَكانَ هُناكَ الكَثيرُ مِنَ النّاسِ. كانَ الطَّعامُ لَذيذًا جِدًّا. كانَتِ الخُضارُ طازَجَةً، خاصَّةً الطَّماطِمُ وَالخِيارُ. كانَ هُناكَ جُبْنٌ، زَبادي، زَيْتٌ، زَعْتَرٌ، نَقانِقُ، وَجَميعُ أَنْواعِ البَيْضِ، مَقْلِيٌّ وَمَسْلوقٌ، ناهيكَ عَنِ الفاكِهَةِ! لَقَدْ تُهْتُ بَيْنَ الطَّعامِ. مَلَأْتُ طَبَقَيْنِ، أَحَدُهُما لي وَالآخَرُ لِرامي، وَعُدْتُ إِلى الطّاوِلَةِ.

"ما رَأْيُكَ في الفُنْدُقِ؟"

[16:21]

"Thank you for your kindness."

"My name is Maryam. Don't hesitate to ask me if you need anything."

"Of course, thank you."

The porter took my bag and went to place it in the room. I sat and waited for Ramy's arrival in the lobby, and after five minutes, he sneaked up behind me and said, "Aren't we having breakfast? I'm starving."

I told him, "Let's go! I was waiting for you. Actually, there are only 15 minutes left before they close the buffet."

We went up to the first floor and entered the restaurant. The buffet was large, and there were many people. The food was very delicious. The vegetables were fresh, especially the tomatoes and cucumbers. There was cheese, yogurt, oil, za'atar, sausages, and all kinds of eggs—fried and boiled—not to mention the fruits! I got lost among all the food. I filled two plates, one for myself and the other for Ramy, and returned to the table.

"What do you think of the hotel?"

"جَميلٌ جِدًّا. بِصَراحَةٍ، أَبوكَ دَلَّلَنا."

"صَحيحٌ! المَكانُ جَميلٌ جِدًّا."

"حَسَنًا، لِنَأْكُلَ حَتّى نَبْدَأَ الِاحْتِفالَ بِعيدِ ميلادِكَ يا صَديقي."

"أَنا شَبِعْتُ. سَأَسْبِقُكَ إِلى الغُرْفَةِ وَأُغَيِّرُ مَلابِسي. الغُرْفَةُ رَقْمُ 214."

"حَسَنًا، سَأَتْبَعُكَ بَعْدَ عَشْرِ دَقائِقَ."

❖ ❖ ❖

صَعَدْتُ إِلى الغُرْفَةِ، فَتَحْتُ البابَ وَدَخَلْتُ. كانَتِ الغُرْفَةُ واسِعَةً وَجَميلَةً. كانَ حَمّامُها كَبيرًا وَيُطِلُّ عَلى حَمّامِ السِّباحَةِ. اِتَّصَلْتُ بِالمَنْزِلِ مِنَ الهاتِفِ المَوْجودِ في الغُرْفَةِ لِأُطَمْئِنَهُمْ أَنَّنا وَصَلْنا. ثُمَّ اسْتَحَمَّيْتُ سَريعًا وَارْتَدَيْتُ مَلابِسي. خَرَجْتُ مِنَ الحَمّامِ لِأَجِدَ رامي في الغُرْفَةِ. "رامي، لِنَذْهَبْ وَنَلْحَقْ بِالمُرْشِدِ السِّياحِيِّ قَبْلَ أَنْ يَنْطَلِقَ مَعَ المَجْموعَةِ."

"اِذْهَبْ. سَأُغَيِّرُ مَلابِسي وَأَلْحَقُ بِكَ بَعْدَ خَمْسِ دَقائِقَ."

[18:03]

"It's very nice. Honestly, your father spoiled us."

"That's true! The place is really beautiful."

"Alright, let's eat so we can start celebrating your birthday, my friend."

"I'm full. I'll go ahead to the room and change my clothes. The room number is 214."

"Okay, I'll follow you in ten minutes."

❖ ❖ ❖

I went up to the room, opened the door, and entered. The room was spacious and beautiful. The bathroom was large and overlooked the swimming pool. I called home from the phone in the room to assure them that we had arrived. Then, I quickly showered and got dressed. When I came out of the bathroom, I found Ramy in the room. "Ramy, let's go and catch up with the tour guide before he leaves with the group."

"Go ahead. I'll change my clothes and join you in five minutes."

نَزَلْتُ إِلى الرُدْهَةِ وَالتَقَيْتُ بِالمَجْموعَةِ. كانَ المُرْشِدُ السِّياحِيُّ يَتَحَدَّثُ مَعَهُمْ. "جَوْلَتُنا في البَتْراءِ سَتَسْتَغْرِقُ ثَلاثَةَ أَيّامٍ. سَنَبْدَأُ اليَوْمَ السّاعَةَ الحادِيَةَ عَشْرَةَ وَالنِّصْفِ وَنَعودُ السّاعَةَ السّادِسَةَ لِأَنَّ اليَوْمَ هُوَ يَوْمُ الوُصولِ. غَدًا وَبَعْدَ غَدٍ، سَنَنْطَلِقُ السّاعَةَ التّاسِعَةِ. سَنَرْكَبُ الخُيولَ أَوِ الجِمالِ مِنْ نُقْطَةِ انْطِلاقِ السّيقِ حَتّى الخَزْنَةِ، ثُمَّ نُواصِلُ السَّيْرَ عَلى الأَقْدامِ. أَطْلُبُ مِنْكُمْ جَميعًا لِبْسَ القُبَّعاتِ أَوِ الكوفِيَّةِ لِتَحْميكُمْ مِنَ الشَّمْسِ، وَلا تَنْسَوْا الماءَ."

لَمْ يَكُنْ مَعي قُبَّعَةً وَلا كوفِيَّةً وَلا حَتّى ماءً. ذَهَبْتُ إِلى مُوَظَّفَةِ الِاسْتِقْبالِ وَسَأَلْتُها: "مَرْحَبًا، مِنْ فَضْلِكِ، مِنْ أَيْنَ يُمْكِنُني شِراءُ قُبَّعَةٍ أَوْ كوفِيَّةٍ؟"

"يوجَدُ مَحَلٌّ في الطّابَقِ الأَرْضِيِّ سَتَجِدُ فيه كُلَّ ما تَحْتاجُ إِلَيْهِ"

"شُكْرًا لَكِ"

[19:30]

I went down to the lobby and met the group. The tour guide was speaking with them. "Our Petra tour will last for three days. Today, we will start at 11:30 AM and return at 6:00 PM since it's arrival day. Tomorrow and the day after, we will set off at 9:00 AM. We will ride horses or camels from the Siq starting point to the Treasury, then continue on foot. I ask all of you to wear hats or keffiyehs to protect yourselves from the sun, and don't forget to bring water."

I didn't have a hat, a keffiyeh, or even water. I went to the receptionist and asked her, "Hello, please, where can I buy a hat or a keffiyeh?"

"There's a shop on the ground floor where you'll find everything you need."

"Thank you."

ذَهَبْتُ وَاشْتَرَيْتُ كوفِيَّةً، واحِدَةً سَوْداءَ وَالأُخْرى حَمْراءَ، وَزُجاجَتَيْنِ مِنَ الماءِ؛ واحِدَةً لي وَالثّانِيَةُ لِرامي. عُدْتُ وَوَجَدْتُ المَجْموعَةَ بَدَأَتْ في التَّحَرُّكِ إِلى نُقْطَةِ الِانْطِلاقِ مِنْ أَوَّلِ السّيقِ. أَعْطَيْتُ رامي الكوفِيَّةَ السَّوْداءَ وَالماءَ وَمَشَيْنا مَعَهُمْ.

❖ ❖ ❖

وَصَلْنا إِلى مَكانِ الخُيولِ وَرَكِبْناها ثُمَّ بَدَأَ المُرْشِدُ يَقولُ: "البَتْراءُ، أَوِ المَدينَةُ الوَرْدِيَّةُ، واحِدَةٌ مِنْ عَجائِبِ الدُّنْيا السَّبْعِ، وَهِيَ مَدينَةٌ مَنْحوتَةٌ في الصُّخورِ الوَرْدِيَّةِ. وَهَذا السّيقُ هُوَ الطَّريقُ السَّهْلُ الوَحيدُ لِلْوُصولِ إِلى عاصِمَةِ المَمْلَكَةِ النَّبَطِيَّةِ، يَبْلُغُ طولُها 1200 مِتْرًا، وَمُتَوَسِّطُ عَرْضِها سَبْعَةُ أَمْتارٍ، مِمّا جَعَلَ هَذِهِ العاصِمَةَ مَحْمِيَّةً مِنْ هَجَماتِ الجُيوشِ فَمَهْما كانَ عَدَدُ الجَيْشِ كَبيرًا، سَتَجِدُ عَدَدًا قَليلًا فَقَطْ في خَطِّ المُواجَهَةِ الأَمامِيِّ وَيُمْكِنُ مُحارَبَتُهُ بِسُهولَةٍ"

سَأَلَ شَخْصٌ مِنَ المَجْموعَةِ المُرْشِدَ وَقالَ: "حَسَنًا، وَكَيْفَ سَقَطَتِ البَتْراءُ؟"

[20:56]

I went and bought two keffiyehs, one black and the other red, along with two bottles of water—one for me and the other for Ramy. I returned and found that the group had started moving toward the starting point at the entrance of the Siq. I handed Ramy the black keffiyeh and the water, and we walked along with them.

❖　❖　❖

We arrived at the horse station and mounted them, then the guide began speaking: "Petra, or the Rose City, is one of the Seven Wonders of the World. It is a city carved into pink-hued rocks. This Siq is the only easy path to reach the capital of the Nabataean Kingdom. It stretches for 1,200 meters, with an average width of seven meters, making this capital well-protected against army invasions. No matter how large an army was, only a small number would be able to stand at the front lines, making them easy to fight off."

Someone from the group asked the guide, "Alright, so how did Petra fall?"

فَأَجابَ المُرْشِدُ: "في سَنَةِ 106 ميلادِيْ حاصَرَ الرومانُ المَدينَةَ وَقَطَعوا مَصادِرَ المِياهِ وَاحْتَلّوها بِلا مُقاوَمَةٍ." وَتابَعَ حَديثَهُ قائِلًا: "وَمَعَ احْتِلالِ العاصِمَةِ انْتَهَتِ الدَّوْلَةُ النَّبَطِيَّةُ وَأَصْبَحَتْ وِلايَةً رومانِيَّةً."

كانَ حَديثُهُ عَنْ تاريخِ الأَنْباطِ وَالعَرَبِ مُمْتِعًا، وَكانَ الجَوُّ لَطيفًا. وَدونَ أَنْ نُلاحِظَ المَسافَةَ وَصَلْنا إِلى نِهايَةِ السّيقِ وَرَأَيْنا مَنْظَرًا مَهيبًا. شَيْئًا فَشَيْئًا، بَدَأَتْ قِطْعَةٌ فَنِّيَّةٌ مَحْفورَةٌ في الصَّخْرِ الوَرْدِيِّ تَكْشِفُ عَنْ نَفْسِها حَتّى اكْتَمَلَتْ، وَرَأَيْنا الخَزْنَةَ، وَتَرَجَّلْتُ مِنْ عَلى ظَهْرِ الحِصانِ لِأَنْظُرَ بِإمْعانٍ على تَفاصيلِ الخَزْنَةِ. بَدَأَ النّاسُ في التِقاطِ الصُّوَرِ، وَكانَ هُناكَ مُصَوِّرٌ يَلْتَقِطُ صُوَرًا لَنا. لَقَدِ التَقَطَ صُوَرًا جَميلَةً لي وَلِرامي.

وَعِنْدَما انْتَهى المُصَوِّرُ سَأَلْتُهُ: "كَمْ تَكْلِفَةُ هَذِهِ الصُّوَرِ؟"

أَجابَ: "خَمْسَةُ دَنانيرَ. هَلْ يُمْكِنُكَ أَنْ تُعْطِيَني بَريدَكَ الإِلِكْترونِيِّ حَتّى أَتَمَكَّنَ مِنْ إِرْسالِ الصُّوَرِ إِلَيْكَ بِالبَريدِ الإِلِكْترونِيِّ غَدًا؟"

سَأَلْتُهُ: "هَلْ يُمْكِنُكَ طِباعَةُ صورَةٍ أَوْ صورَتَيْنِ؟ سَأَعودُ إِلى هُنا غَدًا، وَسَآخُذُهُمْ مِنْكَ."

[22:36]

The guide answered, "In the year 106 AD, the Romans besieged the city, cut off its water supplies, and occupied it without resistance." He continued, "With the fall of the capital, the Nabataean Kingdom came to an end and became a Roman province."

His talk about the history of the Nabataeans and the Arabs was fascinating, and the weather was pleasant. Without even noticing the distance, we reached the end of the Siq and saw an awe-inspiring sight. Slowly, a magnificent artwork carved into the pink rock began to reveal itself, and finally, we saw the Treasury. I dismounted my horse to take a closer look at the intricate details of the Treasury. People started taking pictures, and there was a photographer capturing photos of us. He took some beautiful pictures of Ramy and me.

When the photographer was done, I asked him, "How much do these pictures cost?"

He replied, "Five dinars. Could you give me your email so I can send the photos to you tomorrow?"

I asked him, "Can you print one or two pictures? I'll come back here tomorrow and pick them up from you."

"بِالطَّبْعِ لَكِنَّ هَذا سَيُكَلِّفُكَ عَشَرَةَ دَنانيرَ. وَأُريدُ رَقْمَ هاتِفِكَ لِتَرْتيبِ لِقائِنا هُنا."

"آسِفٌ، لا أَسْتَخْدِمُ الهاتِفَ الخِلْيَوِيَّ."

"حَسَنًا، ما الفُنْدُقُ الَّذي تُقيمُ فيهِ؟"

"في فُنْدُقِ موفِنْبيكْ، غُرْفَةُ رَقْمِ 214. تَفَضَّلْ النُّقودَ."

"شُكْرًا، وَها هِيَ بِطاقَةُ عَمَلي. اللَّيْلَةَ أَوْ صَباحَ الغَدِ عَلى أَبْعَدِ تَقْديرٍ، سَأَضَعُ لَكَ الصُّوَرَ في قِسْمِ الاِسْتِقْبالِ."

أَخَذْتُ بِطاقَتَهُ، وَكانَتِ المَجْموعَةُ أَمامَنا وَدَخَلْتُ الخَزْنَةَ.

دَخَلْنا الخَزْنَةَ بَيْنَما كانَ المُرْشِدُ يَقولُ: "أَطْلَقَ عَلَيْها البَدْوُ اسْمَ الخَزْنَةِ لِاعْتِقادِهِمْ بِوُجودِ كَنْزٍ في الجَرَّةِ فَوْقَ واجِهَتِها، لَكِنْ في الحَقيقَةِ هِيَ عِبارَةٌ عَنْ قَبْرٍ مَلَكِيٍّ".

واصَلْنا جَوْلَتَنا سَيْرًا عَلى الأَقْدامِ. لَمْ أَكُنْ أَتَوَقَّعُ أَنْ تَكونَ البَتْراءُ بِهَذِهِ المِساحَةِ، بِها العَديدُ مِنَ المَعابِدِ وَالمَسارِحِ وَالمَنازِلِ وَالمَقابِرِ- كُلُّها مَنْحوتَةٌ في الصَّخْرِ. لِذا سَأَلْتُ المُرْشِدَ: "كَمْ تَبْلُغُ مِساحَةُ البَتْراءُ؟"

[24:29]

"Of course, but that will cost you ten dinars. I'll also need your phone number to arrange our meeting here."

"Sorry, I don't use a mobile phone."

"Alright, which hotel are you staying at?"

"At Mövenpick Hotel, room 214. Here's the money."

"Thank you. Here's my business card. By tonight or tomorrow morning at the latest, I'll leave the photos for you at the reception desk."

I took his card while the group moved ahead, and I stepped inside the Treasury.

As we entered, the guide said, "The Bedouins called it the Treasury because they believed there was treasure hidden in the urn above its façade, but in reality, it is a royal tomb."

We continued our tour on foot. I hadn't expected Petra to be this vast—it had many temples, theaters, houses, and tombs, all carved into the rock. So I asked the guide, "How large is Petra?"

فَأَجابَ: "تَبْلُغُ مِساحَةُ المَحْمِيَّةِ الأَثَرِيَّةِ 264 كيلومِتْرًا مُرَبَّعًا، وَاليَوْمَ سَنَرى فَقَطْ مِقْدارَ 30% مِنْ آثارِها."

وَصَلْنا إِلى مَكانٍ يُشْبِهُ الخَزْنَةَ وَلَكِنَّهُ أَكْبَرُ مِنْها قَليلًا، وَقالَ المُرْشِدُ: "هَذا هُوَ الدّيرُ، أَكْبَرُ مَعْلَمٍ في البَتْراءِ. كَما تَرَوْنَ، هُناكَ كُرْسِيّانِ في الغُرْفَةِ، وَفي الوَسَطِ مِنَصَّةٌ لِلْإِلَهِ. كانَ هَذا الدّيرُ يُسْتَخْدَمُ لِتَكْريمِ المَلِكِ الإِلَهَ عُبادَةَ الأَوَّلِ."

سَأَلَ أَحَدُ أَفْرادِ المَجْموعَةِ المُرْشِدَ وَقالَ: "وَلِماذا يُسَمّى بِالدّيرِ، وَلِماذا هُناكَ صُلْبانٌ مَحْفورَةٌ عَلى المِنَصَّةِ؟ هَلْ كانَ الأَنْباطُ مَسيحِيّونَ؟"

أَجابَ: "لا، لَمْ يَكونوا مَسيحِيّينَ، وَلَكِنْ بَعْدَ أَنِ احْتَلَّ الرومانُ البيزَنْطِيّونَ مِنْطَقَةَ الشّامِ، حَوَّلوها إِلى ديرٍ لِلرُّهْبانِ المَسيحِيّينَ، وَرَسَموا هَذا الصَّليبَ فَوْقَ المِنَصَّةِ، وَأَصْبَحَ اسْمُهُ الدّيرُ."

قالَ لي رامي بِصَوْتٍ مُنْخَفِضٍ: "أُريدُ أَنْ أَعيشَ في هَذا الدّيرِ، وَأَكونَ المَلِكَ الإِلَهَ".

[26:15]

He answered, "The archaeological reserve covers an area of 264 square kilometers, and today, we will only see about 30% of its ruins."

We arrived at a place similar to the Treasury but slightly larger. The guide said, "This is the Monastery, the largest monument in Petra. As you can see, there are two chairs in the room, and in the center, a platform for the deity. This Monastery was used to honor the divine king Obodas I."

One of the group members asked the guide, "Why is it called the Monastery, and why are there crosses carved onto the platform? Were the Nabataeans Christians?"

He answered, "No, they were not Christians. However, after the Byzantine Romans occupied the Levant, they converted it into a monastery for Christian monks and carved this cross above the platform. That is how it got the name 'Monastery.'"

Ramy whispered to me, "I want to live in this Monastery and be the divine king."

ضَحِكْتُ وَقُلْتُ لَهُ: "يَبْدو أَنَّكَ أُصِبْتَ بِضَرْبَةِ شَمْسٍ، وَبَدَأْتَ في الهَذَيانِ."

اِبْتَسَمَ وَقالَ: "أَلَيْسَتِ الحَياةُ هُنا أَفْضَلَ مِنْ عَمّانَ وَحَرَكَةِ المُرورِ فيها؟"

"بِالطَّبْعِ. سَبَقَتْنا المَجْموعَةُ، هَيّا يا جَلالَةَ المَلِكِ لِنَتَّبِعَهُمْ قَبْلَ أَنْ نَضيعَ في مَمْلَكَتِكَ."

ضَحِكْنا وَتَبِعْنا المَجْموعَةَ، وَانْتَهَتْ جَوْلَةُ اليَوْمِ الأَوَّلِ، وَرَكِبْنا الخُيولَ وَعُدْنا إِلى الفُنْدُقِ.

❖ ❖ ❖

بَيْنَما كُنّا نَصْعَدُ إِلى الغُرْفَةِ، نادَتْني مُوَظَّفَةُ الِاسْتِقْبالِ وَقالَتْ: "سَيِّدُ عَزيزٌ، أَتَسْمَحُ لي بِلَحَظاتٍ مِنْ وَقْتِكَ؟"

ذَهَبْتُ إِلَيْها وَقُلْتُ لَها: "تَفَضَّلي"

"مَعي رِسالَةٌ لَكَ، لَقَدِ اتَّصَلَ بِكَ والِدُكَ عَلى الغُرْفَةِ، وَلَمْ يَجِدْكَ وَطَلَبَ مِنّي أَنْ أُخْبِرَكَ أَنْ تَتَّصِلَ بِهِ بِمُجَرَّدِ وُصولِكَ، لَكِنَّني طَمْأَنْتُهُ وَأَخْبَرْتُهُ أَنَّكَ مَعَ المَجْموعَةِ في جَوْلَةٍ سِياحِيَّةٍ."

[27:57]

I laughed and told him, "It looks like you've gotten a sunstroke and started hallucinating."

He smiled and said, "Isn't life here better than in Amman with all its traffic?"

"Of course. The group has gotten ahead of us—let's go, Your Majesty, before we get lost in your kingdom."

We laughed and followed the group. The first day's tour ended, and we rode the horses back to the hotel.

❖   ❖   ❖

As we were heading up to our room, the receptionist called out to me, "Mr. Aziz, may I have a moment of your time?"

I went to her and said, "Go ahead."

"I have a message for you. Your father called your room, but you weren't there. He asked me to inform you to call him as soon as you return. But don't worry, I assured him that you were on a guided tour with the group."

”شُكْرًا لَكِ، سَأَصْعَدُ إِلى الطّابَقِ العُلْوِيِّ وَأَتَّصِلُ بِهِ الآنَ.“

اِسْتَدَرْتُ لِلْمُغادَرَةِ وَسَمِعْتُها تَسْأَلُني: ”هَلْ تُحِبُّ النُّجومَ؟“

نَظَرْتُ إِلَيْها وَقُلْتُ: ”لَمْ أَفْهَمْ قَصْدَكِ.“

”سَنَذْهَبُ اليَوْمَ إِلى الصَّحْراءِ بَعْدَ العَمَلِ، لا يوجَدُ ضَوْءُ قَمَرٍ اللَّيْلَةَ، وَهَذا أَفْضَلُ وَقْتٍ لِرُؤْيَةِ النُّجومِ وَشُرْبِ الشّايِ البَدَوِيِّ.“ وَتابَعَتْ حَديثَها قائِلَةً: ”أَتَوَدُّ أَنْ تَأْتِيَ؟“

”نَعَمْ، بِالتَّأْكيدِ!“

اِبْتَسَمَتْ وَقالَتْ: ”جَيِّدٌ! سَنَلْتَقي هُنا في الرَّدْهَةِ بَعْدَ العَشاءِ.“

لا أَعْرِفُ كَيْفَ وافَقْتُ بِهَذِهِ السُّرْعَةِ. هَلْ دَعَتْني وَحْدي؟ أَمْ أَنَّ كُلَّ المَجْموعَةِ سَتَذْهَبُ؟ كُنْتُ سَعيدًا وَفي نَفْسِ الوَقْتِ مُتَوَتِّرًا.

❖ ❖ ❖

صَعَدْتُ إِلى الغُرْفَةِ، وَكانَ رامي يَسْتَحِمُّ وَيَرْتَدي مَلابِسَهُ لِنَتَناوَلَ وَجْبَةَ العَشاءِ.

سَأَلَني رامي: ”ماذا كانَتْ تُريدُ مِنْكَ الآنِسَةُ اللَّطيفَةُ؟“

[29:21]

"Thank you. I'll go up to my room and call him now."

I turned to leave when I heard her ask, "Do you like stargazing?"

I looked at her and said, "I'm not sure what you mean."

"We're going to the desert tonight after work. There's no moonlight, making it the best time to see the stars while drinking Bedouin tea," she continued. "Would you like to join?"

"Yes, definitely!"

She smiled and said, "Great! We'll meet here in the lobby after dinner."

I wasn't sure how I agreed so quickly. Did she invite just me? Or was the whole group coming along? I felt excited yet nervous at the same time.

❖   ❖   ❖

I went up to the room. Ramy was showering and getting dressed for dinner.

Ramy asked me, "What did the kind lady want from you?"

"اِتَّصَلَ أَبي وَتَرَكَ لي رِسالَةً. يُريدُني أَنْ أُعاوِدَ الِاتِّصالَ بِهِ."

"وَلِماذا تَبْدو في حيرَةٍ مِنْ أَمْرِكَ؟"

"لَقَدْ دَعَتْني لِاحْتِساءِ الشّايِ البَدَوِيِّ اللَّيْلَةَ في الصَّحْراءِ."

"اِذْهَبْ، اِذْهَبْ، يا دون جُوانْ!"

"مَنْ دونْ جُوانْ؟ لَمْ يَسْبِقْ لي أَنْ خَرَجْتُ مَعَ فَتاةٍ."

"لِكُلِّ شَيْءٍ بِدايَةٌ يا عَزيزُ. هَيّا اسْتَعِدَّ وَارْتَدي مَلابِسَكَ، وَأَنا سَوْفَ أَتَناوَلُ العَشاءَ مَعَكَ، ثُمَّ أَعودُ إِلى الغُرْفَةِ لِلنَّوْمِ لِأَنَّهُ مِنَ الواضِحِ أَنَّني بِالفِعْلِ أُصِبْتُ بِضَرْبَةِ شَمْسٍ."

ذَهَبَ رامي إِلى المَطْعَمِ، وَاتَّصَلْتُ بِأَبي لِأُطَمْئِنَهُ، اِسْتَحَمَّيْتُ وَارْتَدَيْتُ مَلابِسي وَنَزَلْتُ لِتَناوُلِ العَشاءِ.

ذَهَبْتُ إِلى المَطْعَمِ. كانَ المَكانُ مُزْدَحِمًا. بَحَثْتُ عَنْ رامي فَوَجَدْتَهُ جالِسًا بِمُفْرَدِهِ عَلى طاوِلَةٍ صَغيرَةٍ بِجِوارِ النّافِذَةِ. ذَهَبْتُ وَجَلَسْتُ مَعَهُ. تَناوَلْنا العَشاءَ وَقَبْلَ أَنْ أَقومَ جاءَ النادِلُ وَمَعَهُ كَعْكَةٌ عَلَيْها شُموعٌ! وَبَدَأَ هُوَ وَبَقِيَّةُ المُوَظَّفينَ في الغِناءِ: "عيدُ ميلادٍ سَعيدٍ..."

[30:46]

"My father called and left me a message. He wants me to call him back."

"Then why do you look so hesitant?"

"She invited me to have Bedouin tea tonight in the desert."

"Go, go, Don Juan!"

"Who's Don Juan? I've never been out with a girl before."

"There's a first time for everything, Aziz. Now get ready and put on your clothes. I'll have dinner with you, then I'll head back to the room to sleep—because it's clear that I really did get a sunstroke today."

Ramy went to the restaurant, and I called my father to reassure him. Then I took a shower, got dressed, and went down for dinner.

I entered the restaurant. It was crowded. I looked for Ramy and found him sitting alone at a small table by the window. I walked over and sat with him. We had dinner, and just as I was about to get up, the waiter arrived with a cake topped with candles! He and the other staff started singing: "Happy Birthday…"

وَبَدَأَ كُلُّ الأَشْخاصِ في المَطْعَمِ بِالغِناءِ مَعَهُمْ. شَعَرْتُ بِالحَرَجِ، لَكِنَّني كُنْتُ سَعيدًا. وَضَعوا الكَعْكَةَ عَلى الطّاوِلَةِ أَمامي، وَكانَ مَكْتوبًا عَلَيْها: "مِنْ أَبيكَ وَأُمِّكَ إِلى أَعَزِّ عَزيزٍ، عيدُ ميلادٍ سَعيدٍ!"

طَلَبوا مِنّي أَنْ أَتَمَنّى أُمْنِيَةً قَبْلَ أَنْ أُطْفِئَ الشُّموعَ. أَغْمَضْتُ عَيْنَيَّ وَتَمَنَّيْتُ أَنْ أُصْبِحَ شَخْصًا أَفْضَلَ بِدْءًا مِنَ اليَوْمِ، وَأَنْ أَجْعَلَ أَبي وَأُمّي فَخورينَ بي.

أَطْفَأْتُ الشُّموعَ وَقَطَّعْتُ الكَعْكَةَ، وَبَدَأَ النادِلُ في تَقْطيعِها وَتَوْزيعِها عَلى النّاسِ. كانَتْ كَعْكَةً كَبيرَةً بِالشّوكولاتَةِ كَما أُحِبُّ، تَناوَلَ الجَميعُ الكَعْكَةَ.

أَكَلْنا الكَعْكَةَ، وَقَبْلَ أَنْ نَنْهَضَ، أَعْطاني رامي عُلْبَةً وَقالَ: "عيدُ ميلادٍ سَعيدٍ! هَذِهِ هَدِيَّةٌ بَسيطَةٌ."

فَتَحْتُ الصُّنْدوقَ وَوَجَدْتُ سِوارًا فِضِّيًّا عَلَيْهِ أَحْجارٌ فيروزِيَّةٌ. شُكْرًا رامي! لَطالَما أَرَدْتُ سِوارًا كَهَذا. أَنْتَ الوَحيدُ الَّذي يَعْرِفُ ذَوْقي جَيِّدًا.

"اِشْتَرَيْتُها اليَوْمَ مِنَ البَتْراءِ. كُنْتُ مُتَأَكِّدًا أَنَّها سَتُعْجِبُكَ. اِرْتَديها حَتّى تَتَذَكَّرَني دائِمًا."

[32:28]

Everyone in the restaurant joined in the singing. I felt embarrassed, but I was happy. They placed the cake on the table in front of me, and written on it was: "From your father and mother, to our dearest Aziz, Happy Birthday!"

They asked me to make a wish before blowing out the candles. I closed my eyes and wished to become a better person starting today and to make my father and mother proud of me.

I blew out the candles and cut the cake. The waiter started slicing and serving it to everyone. It was a big chocolate cake, just how I like it. Everyone enjoyed it.

After we finished the cake and were about to leave, Ramy handed me a small box and said, "Happy Birthday! It's just a small gift."

I opened the box and found a silver bracelet with turquoise stones. "Thank you, Ramy! I've always wanted a bracelet like this. You're the only one who really knows my taste."

"I bought it today from Petra. I knew you'd love it. Wear it so you'll always remember me."

"تُناسِبُني تَمامًا!"

"هَيّا يا دونْ جُوانْ، حَتّى لا تَتَأَخَّرَ عَنْ مَوْعِدِكَ. لاتَجْعَلِ الفَتاةَ تَنْتَظِرُكَ كَثيرًا. أَنا ذاهِبٌ إِلى الغُرْفَةِ لِلنَّوْمِ، اِسْتَمْتِعْ بِوَقْتِكَ."

❖ ❖ ❖

صَعَدَ رامي إِلى الغُرْفَةِ وَذَهَبْتُ إِلى قِسْمِ الِاسْتِقْبالِ لِإِجْراءِ مُكالَمَةٍ هاتِفِيَّةٍ. اِتَّصَلْتُ بِأَبي وَأُمّي وَشَكَرْتُهُما عَلى المُفاجَأَةِ اللَّطيفَةِ، ثُمَّ ذَهَبْتُ إِلى الرَّدْهَةِ لِمُقابَلَةِ مَرْيَمَ. وَقَفْتُ في الرَّدْهَةِ أَنْظُرُ حَوْلي وَلَمْ أَجِدْها، فَجَلَسْتُ أَنْتَظِرُها.

وَبَعْدَ فَتْرَةٍ وَجيزَةٍ أَتَتْ إِلَيَّ فَتاةٌ وَقالَتْ: "عيدُ ميلادٍ سَعيدٍ!"

أَجَبْتُها: "شُكْرًا لَكِ!" رَكَّزْتُ قَليلًا وَسَأَلْتُها: "مَرْيَمُ؟"

قالَتْ لي ضاحِكَةً: "نَعَمْ. مَرْيَمُ، أَلَمْ تَعْرِفْني بِدونِ الزِّيِّ الرَّسْمِيِّ وَتَسْريحَةِ ذَيْلِ الحِصانِ؟"

"لا ، بِصَراحَةٍ لَمْ أَعْرِفْكِ."

سَأَلَتْني مُداعِبَةً: "أَيُّهُما أَفْضَلُ؟ هَذِهِ المَلابِسُ أَمْ مَلابِسُ العَمَلِ؟"

[34:15]

"It suits me perfectly!"

"Alright, Don Juan, don't keep the girl waiting too long. I'm heading to the room to sleep—enjoy your time."

❖   ❖   ❖

Ramy went up to the room, and I went to the reception desk to make a phone call. I called my parents and thanked them for the wonderful surprise. Then I went to the lobby to meet Maryam. I stood there looking around but didn't see her, so I sat down to wait.

After a short while, a girl approached me and said, "Happy Birthday!"

I replied, "Thank you!" I focused for a moment and asked, "Maryam?"

She laughed and said to me, "Yes, Maryam. Didn't you recognize me without the uniform and my ponytail?"

"No, to be honest, I didn't recognize you."

She teased me, "Which is better? These clothes or my work attire?"

أَجَبْتُها: "كِلاهما رائِعانِ."

ضَحِكَتْ وَقالَتْ: "يَبْدو أَنَّكَ دِبْلوماسِيٌّ، هَيّا كَيْ لا نَتَأَخَّرَ."

مَشَيْتُ مَعَها وَفَكَّرْتُ كَيْفَ أَنَّني لَمْ أَكُنْ صَريحًا مَعَها، فَهِيَ بِفُسْتانِها وَتَسْريحَةِ شَعْرِها هَذِهِ أَجْمَلُ بِكَثيرٍ. اِقْتَرَبْنا مِنْ سَيّارَةٍ حَمْراءَ مَكْشوفَةٍ. كانَتْ مُتَوَقِّفَةً في مَوْقِفِ سَيّاراتِ الفُنْدُقِ.

رَكَبْنا السَّيّارَةَ وَقُلْتُ لَها: "ما شاءَ اللّهُ، سَيّارَتُكِ جَميلَةٌ جِدًّا!"

أَجابَتْ: "أُحِبُّ الصَّحْراءَ وَكُلَّ ما يَتَعَلَّقُ بِها. لِهَذا السَّبَبِ اشْتَرَيْتُ هَذِهِ السَّيّارَةَ مِنْ نَوْعِ رانْجِلَرْ، وَهِيَ سَيّارَةٌ صَحْراوِيَّةٌ تُتيحُ لَكَ رُؤْيَةَ السَّماءِ أَثْناءَ القِيادَةِ."

"أَهَذا هُوَ سَبَبُ عَمَلِكِ في البَتْراءِ؟"

"أَجَلْ، تَخَرَّجْتُ في كُلّيَّةِ السِّياحَةِ وَالفَنادِقِ مُنْذُ ثَلاثِ سَنَواتٍ وَعَمِلْتُ في فُنْدُقٍ صَغيرٍ في وادي رَمْ لِمُدَّةِ عامٍ ثُمَّ جِئْتُ إِلى هُنا."

"هَلْ عائِلَتُكِ مَعَكِ هُنا؟"

[35:45]

I replied, "Both are great."

She laughed and said, "You sound like a diplomat. Come on, let's not be late."

I walked with her, thinking about how I hadn't been honest—she looked much more beautiful in this dress and with her hair styled this way. We approached a red convertible parked in the hotel's lot.

We got into the car, and I said to her, "Wow, your car is really beautiful!"

She answered, "I love the desert and everything related to it. That's why I bought this Wrangler—it's a desert vehicle that lets you see the sky while driving."

"Is that why you work in Petra?"

"Yes, I graduated from the Faculty of Tourism and Hospitality three years ago. I worked in a small hotel in Wadi Rum for a year, then I came here."

"Is your family here with you?"

"لا، عائِلَتي في عَمّانَ. أَذْهَبُ لِرُؤْيَتِهِمْ وَلِرُؤْيَةِ أَصْدِقائي في عَمّانَ كُلَّ أُسْبوعَيْنِ. أَقْضي ثَلاثَةَ أَيّامٍ هُناكَ، ثُمَّ أَعودُ."

"هَلْ لَدَيْكِ الكَثيرُ مِنَ الأَصْدِقاءِ؟"

"أَجَلْ، في عَمّانَ وَهُنا، وَبَعْدَ قَليلٍ سَتَلْتَقي بِأَصْدَقائي المَوْجودينَ في البَتْراءِ."

كُنْتُ أُفَكِّرُ في صَمْتٍ: أَصْدِقاؤُها؟ هَلْ هُناكَ أَشْخاصٌ غَيْرُنا؟ لَمْ تُخْبِرْني. كُنْتُ أَتَمَنّى لَوْ طَلَبْتُ مِنْ رامي أَنْ يَأْتِيَ.

أَوْقَفَتْ مَرْيَمُ السَّيّارَةَ وَقالَتْ: "مِنْ هُنا عَلَيْنا أَنْ نَمْشِيَ 15 دَقيقَةً فَقَطْ."

أَخْرَجَتْ مِصْباحًا يَدَوِيًّا مِنْ حَقيبَتِها، وَأَعْطَتْهُ لي، وَقالَتْ: "لا يوجَدُ قَمَرٌ اللَّيْلَةَ. اِسْتَخْدِمْ هَذا المِصْباحَ اليَدَوِيَّ وَراقِبْ خُطُواتِكَ."

صَعَدْنا الجَبَلَ وَوَصَلْنا بَعْدَ رُبْعِ ساعَةٍ. كانَ المَكانُ مُظْلِمًا، وَكانَ هُناكَ نارٌ وَأُناسٌ يَجْلِسونَ حَوْلَها.

وَصَلْنا، وَسَلَّمَتْ مَرْيَمُ عَلَيْهِمْ وَقالَتْ: "أُعَرِّفُكُمْ عَلى عَزيزٍ، عَزيزُ، هَؤُلاءِ أَصْدِقائي جودٌ وَسامي وَرانْيا وَكَمالٌ."

[37:14]

"No, my family is in Amman. I go to see them and visit my friends there every two weeks. I spend three days there and then return."

"Do you have a lot of friends?"

"Yes, in Amman and here. And soon, you'll meet my friends who are in Petra."

I thought to myself in silence: *Her friends? Are there other people? She didn't mention that.* I wished I had asked Ramy to come.

Maryam stopped the car and said, "From here, we have to walk for just 15 minutes."

She pulled a flashlight out of her bag, handed it to me, and said, "There's no moon tonight. Use this flashlight and watch your step."

We climbed up the hill and arrived after fifteen minutes. The place was dark, but there was a fire with people sitting around it.

When we arrived, Maryam greeted them and said, "Let me introduce you to Aziz. Aziz, these are my friends: Jude, Sami, Rania, and Kamal."

رَحَّبوا بي بِحَرارَةٍ وَجَلَسْنا، أَعْطاني كَمالُ كوبًا مِنَ الشّايِ وَقالَ: "أَهْلًا وَسَهْلًا بِكَ يا عَزيزُ، تَفَضَّلْ هَذا الشّايِ البَدَوِيِّ المَصْنوعِ عَلى نارِ الحَطَبِ".

"شُكْرًا لَكَ."

شَرِبْتُ الشّايَ بَيْنَما كُنّا نَتَحَدَّثُ وَنَتَعَرَّفُ عَلى بَعْضِنا البَعْضِ. لا أَتَذَكَّرُ أَنَّني جَلَسْتُ مِثْلَ هَذِهِ الجَلْساتِ مِنْ قَبْلُ. في البِدايَةِ، كُنْتُ مُتَوَتِّرًا لَكِنْ بَعْدَ ذَلِكَ شَعَرْتُ بِالِارْتِياحِ. كانوا أُناسًا طَيِّبينَ وَتَحَدَّثوا عَنِ الطَّبيعَةِ وَجَمالِها، وَكَيْفَ يَجِبُ أَنْ نُقَدِّرَ الحَياةَ وَنَعيشَ كُلَّ لَحْظَةٍ فيها.

قالَتْ لي مَرْيَمُ: "عَزيزُ، تَعالَ وَأَحْضِرِ المِصْباحَ مَعَكَ. أُريدُ أَنْ أُرِيَكَ شَيْئًا."

ذَهَبْتُ مَعَها وَمَشَيْنا قَليلًا. وَصَلْنا إِلى حافَّةِ الجَبَلِ وَرَأَيْنا الخَزْنَةَ مِنْ فَوْقٍ. كانَتِ الأَرْضُ مُضيئَةً أَمامَ مَكانِ الخَزْنَةِ مِنَ الفَوانيسِ الكَثيرَةِ. كانَ مَشْهَدًا ساحِرًا.

قُلْتُ لِمَرْيَمَ: "اليَوْمَ كُنْتُ هُناكَ في الأَسْفَلِ، لَكِنَّ مَنْظَرَ الخَزْنَةِ مِنْ هُنا ساحِرٌ جِدًّا."

[38:56]

They welcomed me warmly, and we sat down. Kamal handed me a cup of tea and said, "Welcome, Aziz. Here's some Bedouin tea made over a wood fire."

"Thank you."

I drank the tea while we talked and got to know each other. I don't remember ever sitting in a gathering like this before. At first, I was nervous, but then I felt at ease. They were kind people who spoke about nature and its beauty, and how we should appreciate life and live every moment of it.

Maryam said to me, "Aziz, come and bring the flashlight with you. I want to show you something."

I went with her, and we walked a little. We reached the edge of the mountain and saw the Treasury from above. The ground in front of the Treasury was illuminated by many lanterns. It was a breathtaking sight.

I said to Maryam, "I was down there today, but seeing the Treasury from here is absolutely mesmerizing."

قالَتْ: "أَطْفِئِ المِصْباحَ وَأَنْظُرْ إلى السَّماءِ."

نَظَرْتُ إلى السَّماءِ وَرَأَيْتُ سِجّادَةً مِنَ النُّجومِ، تَفاصيلُ لَمْ أَرَها مِنْ قَبْلُ في حَياتي. كانَتِ النُّجومُ واضِحَةً وَكَأَنَّها غَيْرُ حَقيقِيَّةٍ، وَكَأَنَّها سَماءٌ أُخْرى وَلَيْسَتْ سَماءَ عَمّانَ.

"أَتَرى؟ إلى اليَمينِ، هُناكَ شَيْءٌ مِثْلُ السَّحابَةِ. هَذا هُوَ دَرْبُ التَّبّانَةِ، وَهَذا هُوَ نَجْمُ الشَّمالِ."

بَدَأَتْ مَرْيَمُ تُخْبِرُني بِأَسْماءِ النُّجومِ وَالأَبْراجِ في السَّماءِ. شَعَرْتُ بِمَشاعِرَ لَمْ أَشْعُرْ بِها مِنْ قَبْلُ. شَعَرْتُ بِانْعِدامِ الحُدودِ، شَعَرْتُ بِالحُرِّيَّةِ.

تَجَرَّأْتُ وَسَأَلْتُ مَرْيَمَ: "لِماذا دَعَوْتِني أنا رُغْمَ وُجودِ الكَثيرِ مِنَ الأَشْخاصِ في مَجْموعَتِنا؟"

"لِأَنَّكَ مُخْتَلِفٌ. شَخْصِيَّتُكَ أَثارَتْ فُضولي، وَأَرَدْتُ التَّعَرُّفَ عَلَيْكَ أَكْثَرَ. وَعِنْدَما تَحَدَّثَ والِدُكَ مَعي وَطَلَبَ مِنّي تَرْتيبَ مُفاجَأَةِ عيدِ ميلادِكَ، أَثَرْتَ فُضولي أَكْثَرَ."

وَتابَعَتْ حَديثَها قائِلَةً: "هَلْ لي أَنْ أَسْأَلَكَ؟ لِماذا تَقْضي عيدَ ميلادِكَ في البَتْراءِ بَعيدًا عَنْ أَصْدِقائِكَ وَعائِلَتِكَ؟ يَبْدو أَنَّهُمْ يُحِبّونَكَ وَيَهْتَمّونَ لِأَمْرِكَ."

[40:30]

She said, "Turn off the flashlight and look up at the sky."

I looked up and saw a carpet of stars, details I had never seen in my life before. The stars were so clear, almost unreal, as if this was an entirely different sky—nothing like the sky in Amman.

"Do you see? To the right, there's something that looks like a cloud. That's the Milky Way, and over there is the North Star."

Maryam began telling me the names of the stars and constellations in the sky. I felt emotions I had never felt before. I felt boundless, I felt free.

I gathered the courage to ask her, "Why did you invite me specifically, despite all the people in our group?"

"Because you're different. Your personality intrigued me, and I wanted to get to know you better. And when your father spoke to me and asked me to arrange a birthday surprise for you, I became even more curious."

She continued, "May I ask you something? Why are you spending your birthday in Petra, away from your family and friends? It seems like they love you and care about you."

"كُنْتُ أَرْغَبُ دائِمًا في زِيارَةِ البَتْراءِ، وَصَديقي رامي يُحِبُّها كَثيرًا. إِنَّهُ صَديقي الوَحيدُ، لِذَلِكَ قَرَّرْنا قَضاءَ عيدِ ميلادي هُنا."

"لِماذا لَمْ تُحْضِرْهُ مَعَنا؟ أَيْنَ هُوَ الآنَ؟"

"بِصَراحَةٍ، هَذِهِ هِيَ المَرَّةُ الأولى الَّتي تَدْعوني فيها فَتاةٌ لِلْخُروجِ، وَلَمْ أَكُنْ أَعْرِفُ ما إِذا كانَ مِنَ المُناسِبِ أَنْ يَأْتِيَ أَمْ لا."

اِبْتَسَمَتْ وَقالَتْ: "كُنْتُ أَعْرِفُ أَنَّكَ مُخْتَلِفٌ."

"مُخْتَلِفٌ عَلى نَحْوٍ جَيِّدٍ أَمْ عَلى نَحْوٍ آخَرَ؟"

"مُخْتَلِفٌ عَلى نَحْوٍ جَميلٍ."

"غَدًا سَأَدْعوكَ أَنْتَ وَرامي إِلى مَكانٍ جَميلٍ، لَكِنْ عَلَيْنا العَوْدَةُ الآنَ، لِأَنَّنا جَميعًا لَدَيْنا عَمَلٌ في الصَّباحِ الباكِرِ." ثُمَّ ضَحِكَتْ وَقالَتْ: "لَسْنا سائِحينَ مِثْلَكَ يا سَيِّدُ عَزيزٌ".

شَكَرْتُ أَصْدِقاءَ مَرْيَمِ عَلى الشّايِ وَوَدَّعْتُهُمْ، ثُمَّ ذَهَبْنا أَنا وَمَرْيَمُ إِلى السَّيّارَةِ. أَوْصَلَتْني إِلى الفُنْدُقِ، وَقَبْلَ أَنْ أَتْرُكَها قُلْتُ لَها: "لَقَدْ كانَتْ أُمْسِيَةً لَطيفَةً، شُكْرًا لَكِ يا مَرْيَمُ."

[42:17]

"I've always wanted to visit Petra, and my friend Ramy loves it a lot. He's my only friend, so we decided to spend my birthday here."

"Why didn't you bring him along? Where is he now?"

"Honestly, this is the first time a girl has ever invited me out, and I wasn't sure if it would be appropriate to bring him along or not."

She smiled and said, "I knew you were different."

"Different in a good way or in another way?"

"Different in a beautiful way."

"Tomorrow, I'll invite you and Ramy to a beautiful place. But for now, we should head back because we all have work early in the morning." Then she laughed and said, "We're not tourists like you, Mr. Aziz."

I thanked Maryam's friends for the tea and said goodbye to them, then Maryam and I walked to the car. She drove me back to the hotel, and before I got out, I said to her, "It was a lovely evening. Thank you, Maryam."

أَجابَتْ: "أَجَلْ، لَقَدْ كانَتْ أُمْسِيَةً جَميلَةً، عيدُ ميلادٍ سَعيدٍ يا عَزيزٌ."

"تُصْبِحينَ عَلى خَيْرٍ."

خَرَجْتُ مِنَ السَّيّارَةِ سَعيدًا وَشَعَرْتُ وَكَأَنَّني أَشُمُّ رائِحَةِ الوَرْدِ، وَأَنَّ طُيورًا تُغَرِّدُ في قَلْبي. وَأَنَّ عَقْلي صافٍ، وَيَنْتابُني شُعورٌ لَمْ أَشْعُرْ بِهِ مِنْ قَبْلُ، وَكَأَنَّ نورًا أُضيءَ في صَدْري.

❖ ❖ ❖

دَخَلْتُ الغُرْفَةَ بِبُطْءٍ حَتّى لا أوقِظَ رامي، رَغْمَ أَنَّني أَرَدْتُ حَقًّا إيقاظَهُ وَإِخْبارَهُ بِما حَدَثَ وَعَنْ مَدى سَعادَتي، لَكِنَّهُ لَمْ يَكُنْ في سَريرِهِ أَوْ في الحَمّامِ. الوَقْتُ مُتاَخِّرٌ. إِلى أَيْنَ ذَهَبَ؟

نَزَلْتُ لِلْبَحْثِ عَنْهُ في الرَدْهَةِ. لَمْ أَرَهُ، وَكانَ المَطْعَمُ مُغْلَقًا. سَأَلْتُ مُوَظَّفَ الِاسْتِقْبالِ: "هَلْ تَرَكَ لي أَحَدٌ رِسالَةً؟

أَجابَني: ما هُوَ رَقْمُ الغُرْفَةِ؟

"214"

"نَعَمْ، هُناكَ رِسالَةٌ لَكَ."

[43:50]

She replied, "Yes, it was a beautiful evening. Happy birthday, Aziz."

"Good night."

I stepped out of the car feeling happy, as if I could smell the scent of roses, as if birds were singing in my heart. My mind was clear, and I was overcome with a feeling I had never experienced before, as if a light had been lit inside my chest.

❖   ❖   ❖

I entered the room slowly so as not to wake Ramy, though I really wanted to wake him up and tell him what had happened and how happy I was. But he wasn't in his bed or in the bathroom. It was late. Where did he go?

I went downstairs to look for him in the lobby. I didn't see him, and the restaurant was closed. I asked the receptionist, "Did anyone leave a message for me?"

He replied, "What is your room number?"

"214."

"Yes, there is a message for you."

شَعَرْتُ بِالِارْتِياحِ وَطَلَبْتُ مِنْهُ أَنْ يُعْطِيَني الرِّسالَةَ، لَكِنْ لِلْأَسَفِ كانَ ظَرْفًا مَخْتومًا وَمَطْبوعًا عَلَيْهِ اسْمُ مَحَلِّ التَّصْويرِ. أَحْضَرَ المُصَوِّرُ الصُّوَرَ كَما وَعَدَنا.

سَأَلْتُ المُوَظَّفَ عَنْ رامي. أَخْبَرَني أَنَّهُ لَمْ يَرَهُ وَلَمْ يَتْرُكْ رِسالَةً. أَيْنَ ذَهَبَ؟ بَحَثْتُ عَنْهُ بِجِوارِ حَمّامِ السِّباحَةِ وَالحَديقَةِ. لَمْ يَكُنْ هُناكَ.

عُدْتُ إِلى الغُرْفَةِ لِلْتَّحَقُّقِ مِمّا إِذا كانَ قَدْ تَرَكَ لي مُلاحَظَةً، لَكِنَّني لَمْ أَجِدْ شَيْئًا. هَلْ يُحْتَمَلُ أَنْ يَكونَ قَدِ انْزَعَجَ لِأَنَّني خَرَجْتُ مَعَ مَرْيَمِ وَتَرَكْتُهُ وَحيدًا؟ لَكِنْ كُلُّ مُتَعَلَّقاتِهِ لا تَزالُ مَوْجودَةً.

تَذْكِرَتا الحافِلَةِ، والمالُ كُلُّهُ هُنا. أَيْنَ يُمْكِنُ أَنْ يَكونَ؟ رُبَّما لَمْ يَسْتَطِعِ النَّوْمَ وَذَهَبَ يَتَمَشّى.

جَلَسْتُ عَلى السَّريرِ في انْتِظارِهِ، وَبِسَبَبِ اليَوْمِ الطَّويلِ المُتْعِبِ، لا أَعْرِفُ كَيْفَ نِمْتُ.

[45:16]

I felt relieved and asked him to hand me the message, but unfortunately, it was a sealed envelope with the name of the photography shop printed on it. The photographer had delivered the pictures as promised.

I asked the receptionist about Ramy. He told me he hadn't seen him and that he hadn't left a message. Where could he have gone? I searched for him near the swimming pool and the garden, but he wasn't there.

I returned to the room to check if he had left me a note, but I found nothing. Could he have been upset that I went out with Maryam and left him alone? But all his belongings were still there.

The bus tickets, all his money—everything was still in place. Where could he be? Maybe he couldn't sleep and went out for a walk.

I sat on the bed waiting for him, and because of the long, exhausting day, I don't know how I fell asleep.

❖ ❖ ❖

اِسْتَيْقَظْتُ في الصَّباحِ. لَمْ يَكُنْ رامي في الغُرْفَةِ. لَمْ يَعُدْ بَعْدُ. بَدَأْتُ أَبْحَثُ في أَغْراضِهِ. كُلُّ أَشْياءِهِ مَوْجودَةٌ، وَحَتّى أَنَّهُ لَمْ يَأْخُذْ مِفْتاحَ غُرْفَتِهِ.

ذَهَبْتُ إِلى الِاسْتِقْبالِ كَالمَجْنونِ، وَوَجَدْتُ مَرْيَمَ واقِفَةً في مَكْتَبِ الِاسْتِقْبالِ.

قُلْتُ لَها: "مَرْيَمُ، لَقَدْ خَرَجَ رامي أَمْسِ وَلَمْ يَعُدْ إِلى الآنَ."

خَرَجَتْ مَرْيَمُ مِنْ خَلْفِ المَكْتَبِ وَقالَتْ لي: "تَعالَ وَاجْلِسْ. تَبْدو مُتْعَبًا، حَتّى أَنَّكَ لَمْ تُغَيِّرْ مَلابِسَكِ مُنْذُ الأَمْسِ."

"مَرْيَمُ، أَنا قَلِقٌ عَلى رامي، رُبَّما حَدَثَ لَهُ شَيْءٌ ما."

"اِهْدَأْ يا عَزيزُ. الوَضْعُ آمِنٌ لِلْغايَةِ هُنا، وَمِن المُحْتَمَلِ أَنَّهُ التَقى بِشَخْصٍ ما وَخَرَجَ مَعَهُ إِلى المُخَيَّمِ. قَريبًا سَتَجِدُهُ، وَسَتَتَناوَلانِ الفَطورَ مَعًا."

طَلَبَتْ لي قَهْوَةً وَحاوَلَتْ تَهْدِئَتي.

قُلْتُ لَها: "أُريدُ أَنْ أَذْهَبَ إِلى الغُرْفَةِ لِأَتَّصِلَ بِوالِدي."

"اِبْقَ مَكانَكَ. سَأُحْضِرُ لَكَ الهاتِفَ."

[46:41]

❖   ❖   ❖

I woke up in the morning. Ramy was not in the room. He still hadn't returned. I started looking through his belongings. Everything was there, and he hadn't even taken his room key.

I rushed to the reception like a madman and found Maryam standing at the front desk.

I said to her, "Maryam, Ramy went out last night and hasn't come back yet."

Maryam stepped out from behind the desk and said to me, "Come, sit down. You look exhausted, and you haven't even changed your clothes since yesterday."

"Maryam, I'm worried about Ramy. Maybe something happened to him."

"Calm down, Aziz. This place is extremely safe. It's likely that he met someone and went with them to a camp. You'll see, he'll turn up soon, and you'll have breakfast together."

She ordered me a coffee and tried to calm me down.

I told her, "I want to go to my room to call my father."

"Stay here. I'll bring you the phone."

أَحْضَرَتْ لي الهاتِفَ، وَاتَّصَلْتُ بِأَبي. "مَرْحَبًا؟ أَبي؟ لَمْ أَرَ رامي مُنْذُ الأَمْسِ. كُنْتُ بِالخارِجِ، وَعِنْدَما عُدْتُ إِلى الغُرْفَةِ لَمْ أَجِدْهُ. لَمْ يَحْضُرْ حَتّى الآنَ، وَلَمْ يَرَهُ أَحَدٌ!"

"حَسَنًا، عَزيزي، أُريدُكَ أَنْ تَهْدَأَ. أَنا وَأُمُّكَ سَنَأْتي إِلَيْكَ الآنَ. سَنَجِدُ حَلًّا. اِبْقَ في الفُنْدُقِ حَتّى نَصِلَ."

"حَسَنًا. لا تَتَأَخَّرْ."

"لا تَقْلَقْ، نَحْنُ في طَريقِنا يا عَزيزي."

أَغْلَقْتُ الخَطَّ، وَأَعَدْتُ الهاتِفَ إِلى مَرْيَمِ، وَطَلَبْتُ مِنْها أَنْ تَطْلُبَ مِنْ رامي الجُلوسَ إِذا ظَهَرَ حَتّى أَعودَ إِلَيْهِ.

سَأَلَتْني مَرْيَمُ وَأَنا خارِجٌ مِنْ بابِ الفُنْدُقِ: "عَزيزٌ، إِلى أَيْنَ أَنْتَ ذاهِبٌ؟"

"أَعْرِفُ أَيْنَ قَدْ يَكونُ."

❖ ❖ ❖

كانَ الوَقْتُ مُبَكِّرًا، وَلَمْ يَخْرُجْ أَحَدٌ مِنَ السُّيّاحِ مِنَ الفَنادِقِ. كُنْتُ أَبْحَثُ عَنْ شَخْصٍ لِأَسْتَأْجِرَ مِنْهُ حِصانًا، لَكِنْ لَمْ يَكُنْ هُناكَ أَحَدٌ، لَكِنَّني وَجَدْتُ شَخْصًا لَدَيْهِ حِمارٌ.

[48:13]

She brought me the phone, and I called my father. "Hello? Dad? I haven't seen Ramy since last night. I was out, and when I came back to the room, he wasn't there. He still hasn't returned, and no one has seen him!"

"Alright, my dear, I want you to stay calm. Your mother and I are coming to you now. We'll figure this out. Stay at the hotel until we arrive."

"Okay. Please don't take too long."

"Don't worry, we're on our way, Aziz."

I ended the call, returned the phone to Maryam, and asked her to tell Ramy to wait for me if he showed up until I got back.

As I was walking out of the hotel, Maryam asked me, "Aziz, where are you going?"

"I think I know where he might be."

❖   ❖   ❖

It was still early, and none of the tourists had left their hotels yet. I was looking for someone to rent a horse from, but there was no one around. However, I found a man who had a donkey.

”مِنْ فَضْلِكَ، هَلِ الحِمارُ لِلْإيجارِ؟“

فَقالَ مازِحًا: ”صَباحُ الخَيْرِ أَوَّلًا! وَثانيًا، نَعَمْ لِلْإيجارِ.“

”حَسَنًا، أُريدُ أَنْ آخُذَهُ إلى الدّيرِ وَأَعودَ.“

”لَكِنَّ البَوّابَةَ لَمْ تُفْتَحْ لِلسُّيّاحِ بَعْدُ.“

”بِحُلولِ الوَقْتِ الَّذي أَصِلُ إلَيْهِ، سَيَبْدَؤونَ في السَّماحِ لِلنّاسِ بِالدُّخولِ.“

”كَما يَحْلو لَكَ. 20 دينارًا مِنْ فَضْلِكَ.“

”تَفَضَّلْ.“

رَكِبْتُ عَلى الحِمارِ وَتَوَجَّهْتُ نَحْوَ البَوّابَةِ، وَبِالفِعْلِ كُنْتُ أَوَّلَ مَنْ يَدْخُلُ المَحْمِيَّةَ. دَخَلْتُ السّيقَ، لَكِنْ هَذِهِ المَرَّةَ شَعَرْتُ أَنَّهُ أَطْوَلُ بِعَشْرِ مَرّاتٍ مِنَ الأَمْسِ، وَلا يَنْتَهي أَبَدًا. وَبِمُجَرَّدِ وُصولي إلى الخَزْنَةِ، سَأَلْتُ أَحَدَ الحُرّاسِ عَنْ أَقْرَبِ طَريقٍ لِلدّيرِ.

وَصَلْتُ الدّيرَ وَتَرَجَّلْتُ عَنِ الحِمارِ وَدَخَلْتُ. وَكَما تَوَقَّعْتُ وَجَدْتُ رامي جالِسًا عَلى المِنَصَّةِ. شَعَرْتُ بِالارْتِياحِ وَالغَضَبِ في نَفْسِ الوَقْتِ، وَصَرَخْتُ في وَجْهِهِ قائِلًا: ”أَيْنَ كُنْتَ؟ كُنْتُ خائِفًا عَلَيْكَ كَثيرًا!“

[49:42]

"Excuse me, is the donkey available for rent?"

He jokingly replied, "Good morning first! And second, yes, it's for rent."

"Alright, I want to take it to the monastery and back."

"But the gate hasn't opened for tourists yet."

"By the time I get there, they'll start letting people in."

"As you wish. That'll be 20 dinars, please."

"Here you go."

I mounted the donkey and headed towards the gate, and indeed, I was the first to enter the site. I went through the Siq, but this time it felt ten times longer than yesterday, as if it would never end. As soon as I reached the Treasury, I asked one of the guards for the closest route to the monastery.

I arrived at the monastery, dismounted, and went inside. Just as I expected, I found Ramy sitting on the platform. I felt both relief and anger at the same time, and I yelled at him, "Where have you been? I was so worried about you!"

رَدَّ بِكُلِّ بُرودٍ: "لا تَصْرُخْ عِنْدَما تكونُ في حَضْرَةِ المَلِكِ الإلَهِ."

"رامي، هَذا لَيْسَ وَقْتَ المُزاحِ. دَعْنا نَذْهَبُ، عَلَيْنا العَوْدَةُ إلى الفُنْدُقِ لِكَيْ أُطَمْئِنَ والِدي وَأَطْلُبَ مِنْهُ العَوْدَةَ إلى عَمّانَ قَبْلَ وُصولِهِ إلى هُنا."

"لا يا عَزيزُ، دَعْهُ يَأْتي لِيَأْخُذَكَ. لَنْ أَعودَ مَعَكَ."

"لا أَفْهَمُ. ماذا تَقْصِدُ؟"

"لَنْ أَعودَ مَعَكَ لِأَنّي لَمْ آتي مَعَكَ."

"يَبْدو أَنَّكَ أَحْبَبْتَ هَذا الدَّوْرَ وَتَتَحَدَّثُ بِالأَلْغازِ."

"أُريدُ أَنْ أَسْأَلَكَ سُؤالًا، يا عَزيزُ. لِماذا لا تَزورُ بَيْتِيَ أَبَدًا؟"

"لَمْ تَسْنَحْ لي الفُرْصَةُ قَطُّ. لا يوجَدُ سَبَبٌ آخَرُ."

"خَمْسَةَ عَشَرَ عامًا مِنَ الصَّداقَةِ، وَلَمْ تَأْتِ لِزِيارَتي مَرَّةً واحِدَةً؟ سَأُخْبِرُكَ لِماذا، لِأَنَّني لا أَمْلِكُ مَنْزِلًا."

واصَلَ رامي حَديثَهُ وَقالَ: "يا عَزيزُ، بَعْدَ الحادِثِ الَّذي تَعَرَّضْنا لَهُ في حافِلَةِ المَدْرَسَةِ أَثْناءَ ذَهابِنا إلى رِحْلَةِ البَتْراءِ، اِسْتَيْقَظْتَ أَنْتَ مِنَ الغَيْبوبَةِ بَعْدَ عامَيْنِ، لَكِنَّني لَمْ أَسْتَيْقِظْ."

[51:17]

He calmly replied, "Do not raise your voice in the presence of the divine king."

"Ramy, this is not the time for jokes. Let's go. We need to get back to the hotel so I can reassure my parents and ask my father to return to Amman before he arrives here."

"No, Aziz, let him come to take you. I will not go back with you."

"I don't understand. What do you mean?"

"I will not go back with you because I never came with you."

"It seems like you're enjoying this role and speaking in riddles."

"I want to ask you a question, Aziz. Why have you never visited my home?"

"I just never had the chance. There's no other reason."

"Fifteen years of friendship, and you've never visited me even once? I'll tell you why—because I don't have a home."

Ramy continued speaking, "Aziz, after the accident we had on the school bus during our trip to Petra, you woke up from your coma after two years, but I never woke up."

بَدَأْتُ أُصابُ بِصُداعٍ، وَما كانَ يَقولُهُ رامي أَزْعَجَني.

صَرَخْتُ في وَجْهِهِ وَقُلْتُ لَهُ: "لا أُريدُ أَنْ أَتَذَكَّرَ هَذا الحادِثَ!! اِسْتَيْقَظْتُ وَوَجَدْتُكَ جالِسًا بِجِواري، في انْتِظاري لِأَسْتَيْقِظَ."

"يا عَزيزُ، لَمْ أَنْجُ مِنَ الحادِثِ. لَقَدْ مِتُّ."

بَدَأْتُ أَشْعُرُ بِتَشَوُّشٍ في الرُّؤْيَةِ وَكانَ رَأْسي عَلى وَشْكِ الِانْفِجارِ وَكَأَنَّ الدُّنْيا تَدورُ حَوْلي، ثُمَّ أُصِبْتُ بِالإِغْماءِ وَوَقَعْتُ عَلى الأَرْضِ.

❖ ❖ ❖

فَتَحْتُ عَيْنَيَّ وَوَجَدْتُ والِدي بِجانِبي. نَظَرْتُ حَوْلي وَوَجَدْتُ نَفْسي في غُرْفَتي في المَنْزِلِ.

قالَتْ لي أُمّي بِلَهْفَةٍ: "حَبيبي عَزيزُ، الحَمْدُ لِلهِ عَلى سَلامَتِكَ."

"كَيْفَ وَصَلْتُ إِلى هُنا؟"

أَجابَ أَبي: "وَجَدْناكَ فاقِدًا لِلْوَعْيِ في الدّيرِ، وَأَخَذْناكَ إِلى المَنْزِلِ. كَيْفَ حالُكَ الآنَ يا حَبيبي؟"

[52:52]

I started feeling a headache, and what Ramy was saying disturbed me.

I shouted at him, "I don't want to remember that accident!! I woke up and found you sitting beside me, waiting for me to wake up."

"Aziz, I did not survive the accident. I died."

My vision started to blur, my head felt like it was about to explode, and it was as if the world was spinning around me. Then, I lost consciousness and collapsed to the ground.

❖   ❖   ❖

I opened my eyes and found my father beside me. I looked around and realized that I was in my room at home.

My mother said to me anxiously, "My dear Aziz, thank God for your safety."

"How did I get here?"

My father replied, "We found you unconscious at the monastery and brought you home. How do you feel now, my dear?"

"أَشْعُرُ بِالعَطَشِ. أُرِيدُ شَيْئًا أَشْرَبُهُ."

سَأَلْتُ أُمِّي بَيْنَمَا كَانَتْ تَسْكُبُ لِي كُوبًا مِنَ الماءِ: "كَمِ السَّاعَةُ الآنَ؟ كَمْ مَضَى مِنَ الوَقْتِ وَأَنَا في حالَةِ الإِغْماءِ هَذِهِ؟"

نَظَرَتْ إِلى أَبِي وَقالَتْ لِي: "لَقَدْ كُنْتَ نائِمًا مُنْذُ يَوْمَيْنِ."

"هَلْ أَحْضَرْتُما أَغْراضِي مِنْ غُرْفَةِ الفُنْدُقِ؟"

"نَعَمْ، كُلُّ أَغْراضِكَ هُنا."

"أُمِّي، هَلْ يُمْكِنُكِ أَنْ تُعْطِيني حاسوبِيَ المَحْمولَ؟"

"بِالطَّبْعِ يا حَبيبي."

أَحْضَرَتْ لِي أُمِّي الحاسوبَ المَحْمولَ. فَتَحْتُ بَرِيدِيَ الإِلِكْتْرونِيَّ وَوَجَدْتُ البَرِيدَ الإِلِكْتْرونِيَّ مِنَ المُصَوِّرِ. فَتَحْتُ الصُّوَرَ، وَكُنْتُ وَحْدِي في كُلِّ الصُّوَرِ. لَمْ يَكُنْ رامي مَعِي. نَظَرْتُ إِلى أَبِي وَأُمِّي وَقُلْتُ لَهُمْ: "رامي ماتَ!"

بَدَأَتْ أُمِّي في البُكاءِ. وَقالَ أَبِي: "نَعْرِفُ هَذا، وَفِي كُلِّ مَرَّةٍ كُنّا نَقولُ لَكَ هَذا تُصابُ بِالإِغْماءِ. لَمْ تَتَقَبَّلْ هَذِهِ الحَقيقَةَ، لَكِنَّكَ تَعْرِفُها الآنَ. هَذِهِ هِيَ المَرَّةُ الأُولى مُنْذُ 15 عامًا الَّتِي تَقولُ فيها هَذِهِ الجُمْلَةَ."

[54:10]

"I feel thirsty. I need something to drink."

As my mother poured me a glass of water, I asked her, "What time is it now? How long have I been unconscious?"

She looked at my father and said to me, "You've been asleep for two days."

"Did you bring my belongings from the hotel room?"

"Yes, all your things are here."

"Mom, could you please give me my laptop?"

"Of course, my dear."

My mother brought me my laptop. I opened my email and found a message from the photographer. I opened the pictures, and in all of them, I was alone. Ramy was not with me. I looked at my father and mother and said to them, "Ramy is dead!"

My mother began to cry, and my father said, "We know this. And every time we told you, you fainted. You never accepted this truth, but now you know it. This is the first time in 15 years that you've said these words."

"أَبي وَأُمّي، أُريدُ أَنْ أَكونَ وَحْدي. مِنْ فَضْلِكُمْ."

غادَرا الغُرْفَةَ وَبَدَأْتُ في البُكاءِ. لَدَيَّ 15 عامًا مِنَ الذِّكْرَياتِ مَعَ صَديقي الوَحيدِ، هَلْ مِنَ المَعْقولِ أَنْ تَكونَ كُلُّها أَوْهامٌ؟ أَتَذَكَّرُ كُلَّ المَواقِفِ وَالكَلامِ وَالضَّحِكِ الَّذي دارَ بَيْنَنا. رامي، لَقَدْ وَقَفْتَ مَعي وَكُنْتَ صَديقًا مُخْلِصًا حَتّى عِنْدَما كُنْتَ غائِبًا. رَحِمَكَ اللَّهُ. أَنا لَنْ أَنْساكَ.

دَقَّ أَحَدُهُمْ عَلى بابِ الغُرْفَةِ، وَفَتَحَتْ أُمّي البابَ وَقالَتْ: "هُناكَ شَخْصٌ ما هُنا يُريدُ الِاطْمِئْنانَ عَلَيْكَ."

قالَتْ لي مَرْيَمُ بِابْتِسامَتِها الجَميلَةِ وَهِيَ تُعْطيني باقَةً مِنَ الزُّهورِ: "الحَمْدُ لِلهِ عَلى سَلامَتِكِ يا عَزيزُ."

وَمُنْذُ ذَلِكَ اليَوْمِ، لَمْ نَفْتَرِقْ أَنا وَمَرْيَمُ أَبَدًا. أَصْبَحَتْ صَديقَتي وَحَبيبَتي وَزَوْجَتي وَوالِدَةَ أَطْفالي. أَكْمَلْتُ تَعْليمي وَساعَدْتُ والِدي في العَمَلِ، وَفي كُلِّ عامٍ نَذْهَبُ لِزِيارَةِ قَبْرِ رامي... وَأَحْيانًا يَزورُني رامي.

[55:47]

"Dad, Mom, I want to be alone, please."

They left the room, and I started crying. I have 15 years of memories with my only friend—could they all be illusions? I remember all the moments, the conversations, and the laughter we shared. Ramy, you stood by me and remained a loyal friend even when you were absent. May God have mercy on you. I will never forget you.

Someone knocked on the door. My mother opened it and said, "There is someone here who wants to check on you."

Maryam, with her beautiful smile, handed me a bouquet of flowers and said, "Thank God for your safety, Aziz."

And from that day on, Maryam and I were never apart. She became my friend, my love, my wife, and the mother of my children. I completed my studies and helped my father with work, and every year, we visit Ramy's grave... And sometimes, Ramy visits me.

Arabic Text without Tashkeel

البتراء

"رامي، ما رأيك في الذهاب في رحلة؟ أنا وأنت فقط؟"

"نعم، لم لا؟ إلى أين؟"

"إلى البتراء."

"متى نذهب؟"

"يوم عيد ميلادي."

"صحيح، عيد ميلادك اقترب. وهل سيوافق والدك ووالدتك؟"

"أنا لست طفلا. أبلغ من العمر 30 عاما الآن. بالإضافة إلى أنك معي."

"لكن يا عزيز، أنت تعلم أن والديك لا يطيقانني."

"هذا ليس شيئا جديدا. لقد كانوا يحاولون تفرقتنا منذ أن كنا في المدرسة."

"بالإضافة أنني مفلس. ليس معي نقود."

"لا مشكلة. سأتدبر الأمر."

"حسنا، موافق. سيكون أفضل عيد ميلاد."

"سأخبرهم بذلك وأعلمك لتستعد."

❖ ❖ ❖

أنا عزيز أحمد، شاب أردني. لم أكمل تعليمي لأسباب صحية. عمري 30 عاما وما زلت أعيش مع عائلتي. لم أتزوج وحتى أنني لم أتعرف على بنت. لدي صديق واحد، رامي، صديقي من أيام المدرسة. اعتدنا أن ندرس سويا، وغالبا ما كان ينام في بيتنا وكنا نتحدث حتى الصباح.

لكن عائلتي لا تحبه لأنهم يعتقدون أن له تأثيرا سلبيا علي وعلى حياتي الاجتماعية، لأن عائلته فقيرة ونحن أغنياء. لقد حاولوا كثيرا أن يفرقونا، وعندما استسلموا، طلبوا مني مقابلته في المنزل، وألا نذهب للأماكن العامة. وافقت لأجل التخلص من الإزعاج. الآن أريد أن أسافر معه لمدة ثلاث ليال إلى البتراء. لا أعرف كيف سيكون رد فعلهم عندما يعلمون بذلك.

قبل يومين من عيد ميلادي، بينما كنت أتناول العشاء مع والدي في المنزل. وبينما كنا نأكل، سألتني والدتي: "عزيز، ما الهدية التي تود أن نحضرها لك أنا ووالدك في عيد ميلادك؟"

أجبت دون تردد: "رحلة إلى البتراء لمدة ثلاث ليال."

سألت أبي: "أحمد، هل يمكننا الذهاب إلى البتراء لمدة ثلاث ليال؟ هل لديك وقت؟"

قبل أن يجيبها أبي، قلت: "أريد أن أذهب أنا ورامي فقط."

نظر أبي وأمي إلى بعضهما البعض، وقال أبي بهدوء: "لا يمكنك أن تسافر لوحدك."

أجبته: "لكنني لست وحدي. معي رامي."

"يا عزيز، هذا أكثر ما يخيفني. رامي لا زال في حياتك، وتريد السفر معه أيضا؟"

عندما رأت أمي أن أبي بدأ يغضب، قالت لي: "حبيبي، اتركنا أنا ووالدك قليلا."

صعدت إلى الطابق العلوي لكنني لم أدخل غرفتي. جلست على الدرج لأسمع ما سيقررونه.

"ما رأيك يا أحمد؟"

"يا ريما، لم يسبق لعزيز أن سافر بمفرده. أنا قلق عليه."

"رأيي أن نسأل طبيبه. ربما يكون لديه وجهة نظر مختلفة."

أحضر أبي هاتفه واتصل بالطبيب، ووضعه على مكبر الصوت حتى تسمع أمي.

"مساء الخير دكتور. آسف إذا كنت أتصل بك في وقت متأخر."

"مساء الخير. إطلاقا، هل عزيز بخير؟"

"نعم، إنه بخير، ولكن أردت أنا وريما أن نستشيرك في شيء."

"بالطبع، تفضل."

وأوضحت أمي للطبيب: "عيد ميلاد عزيز بعد يومين، ويريد الذهاب إلى البتراء لوحده لمدة ثلاث ليال."

قاطعها أبي: "يا ليته كان بمفرده. رامي معه يا دكتور. ألن نتخلص من رامي هذا؟"

تابعت أمي كلامها: "وفكرنا في استشارتك قبل أن نقول نعم أو لا."

أجاب الطبيب: لطالما حاولت أن أحث عزيزا على القيام بنشاطات تجعله يتعامل مع الناس بشكل مباشر دون الاعتماد عليكما. شجعته على استخدام الفيس بوك مثلا ورفض، أعتقد أنه طالما جاءت فكرة السفر منه، فهذه فرصة ممتازة للغاية لتنمية مهاراته الاجتماعية."

وتابع الطبيب: "من وجهة نظري المهنية، أشجع هذه الخطوة كثيرا."

للمرة الأولى شعرت أنني بدأت أحب الدكتور عارف. اعتدت أن أفعل عكس ما يقوله لي تماما. بالفعل حاول إقناعي بإنشاء حساب على الفيس بوك، لكنني رفضت. أنا أحب خصوصيتي، ولا أحب التحدث إلى الغرباء.

❖ ❖ ❖

دق باب غرفتي بعد حوالي ساعة.

"أدخل!"

"حبيبي، تحدثت إلى والدك ووافق أن تذهب ولكن بشرط واحد."

"ما هو الشرط؟"

"أن تتصل بنا كل يوم، مرة في الصباح ومرة في المساء من الفندق. سيحجز لك والدك تذكرة الحافلة وغرفة الفندق مع الإفطار والعشاء. يوجد مرشد سياحي في الفندق سيأخذك مع مجموعة لترى الآثار ويشرح لك عنها. عدني ألا تخرج بمفردك."

"أعدك، ولكن أطلبي منه أن يحجز لشخصين."

"حسنا، سأخبره."

نزلت أمي إلى الطابق السفلي للتحدث مع أبي، وكالعادة جلست على الدرج لأستمع لما سيقولونه. أتساءل كيف لم يكتشفوا أنني أتنصت عليهم حتى الآن. أخبرت أمي أبي بما حصل، وبمجرد أن قالت له: "عزيز يريدنا أن نشتري تذكرتين ونحجز لشخصين"، انزعج أبي وقال: "أأشتري تذكرتين أيضا؟"

قالت له أمي: "لا بأس يا أحمد. ليس بالأمر الجلل طالما أن هذا سيريحه."

أجاب أبي: "لكن يا ريما، أصبح الأمر مرهقا. ليس عندي أغلى من عزيز. عزيز هو ابني الوحيد، وأريده أن يكون أفضل شخص في العالم ويعيش حياة طبيعية، يتعرف على الناس، يعتمد على نفسه. وأريده أيضا أن يتزوج. أتمنى أن أرى أطفاله. لن أبقى موجودا بجانبه إلى الأبد. من سيدير الشركة بعدي؟"

"فليعطك الله الصحة وطول العمر. لا تقل هذا."

"سأفعل ما يريده."

أبي يريدني أن أكون مثله، لكنني لست مثله، ولست مثل أي شخص آخر. يظن أنني فاشل وأن سبب فشلي هو صديقي رامي ، لكنه لا يفهم شيئا.

دخلت غرفتي لأجهز حقيبتي. أخذت كل الأشياء التي أحتاجها، ملابس وحذاء للمشي وسماعات وفرشاة الأسنان ومعجون الأسنان وشفرة الحلاقة. وتحدثت مع رامي لكي يستعد ويلتقي بي في الصباح عند محطة الحافلات.

❖   ❖   ❖

في صباح اليوم التالي، أوصلني أبي إلى محطة الحافلات، وقبل أن أنزل، قال: "عزيز، اعتن بنفسك واستمتع بوقتك، خذ هذا المال واحتفظ به. عيد ميلاد سعيد يا حبيبي."

"شكرا لك أبي. أنا سعيد لأنك وافقت على ذهابي."

"اذهب الآن حتى لا تفوتك الحافلة."

"حسنا."

خرجت من السيارة. كان هناك الكثير من الناس بجوار الحافلة، لكنني لم أر رامي. كان لا يزال هناك خمس عشرة دقيقة قبل أن تغادر الحافلة. وضعت حقيبتي وذهبت لشرب الشاي في المقصف. شربت فنجان الشاي، وذهبت للبحث عن رامي، ووجدته ينتظرني بجوار الحافلة.

"صباح الخير. لماذا تأخرت؟"

"صباح الخير. لم أتأخر. لا يزال هناك خمس دقائق قبل الموعد المحدد للحافلة."

"فاتك فنجان الشاي".

"بالهناء والشفاء. هيا لنصعد؟ كل الركاب في مقاعدهم."

صعدنا إلى الحافلة وجلسنا في مقاعدنا، ثم أقلعنا. تستغرق الرحلة ما بين ثلاث إلى أربع ساعات من عمان إلى البتراء على الطريق الصحراوي. نام رامي بعد أقل من خمس دقائق. يبدو أنه تأخر في نومه البارحة ليجهز حقيبته. ويبدو أنني سأنام أيضا، لكي نصل إلى البتراء بكامل الحيوية.

❖   ❖   ❖

استيقظت على صوت نزول الناس من الحافلة. أيقظت رامي ونزلنا. أخذت حقيبتي وذهبت إلى الفندق. كانت الساعة حوالي العاشرة صباحا. ذهب رامي إلى الحمام بينما ذهبت إلى مكتب الاستقبال لآخذ مفتاح الغرفة. قالت لي موظفة الاستقبال: "صباح الخير! أهلا بك في البتراء. هويتك، من فضلك؟"

"صباح الخير. تفضلي".

"حجزك هو غرفة مزدوجة. بإمكاني إعطائك غرفة بسرير كبير لترتاح أكثر."

"هل لي بغرفة بسريرين، من فضلك؟"

"سأرى ما المتوفر عندي. أمهلني لحظة."

"بالتأكيد."

بعد بضع دقائق، قالت لي: "لقد وجدت لك غرفة بسريرين تطل على المسبح. هل يناسبك ذلك؟"

"نعم، ممتاز، شكرا".

"إليك المفتاح، وسيأخذ زميلي حقائبك إلى الغرفة. الإفطار من الساعة السابعة إلى الساعة الحادية عشرة. والعشاء من الساعة السادسة إلى التاسعة."

واصلت كلامها وهي تعطيني ورقة: "هذا هو اسم المستخدم وكلمة المرور للإنترنت. يمكنك استخدامه في أي مكان في الفندق."

"هل يمكنك أن تعطيني مفتاحا ثانيا لصديقي؟"

"بالتأكيد، تفضل."

سألتها: "متى ستبدأ الجولة؟"

"ستبدأ اليوم عند الساعة الحادية عشرة والنصف صباحا. باق نصف ساعة للمقصف. بإمكانك تناول الإفطار إذا كنت تود ذلك. المقصف في الطابق الأول."

"شكرا للطفك."

"اسمي مريم. لا تتردد في سؤالي إن احتجت أي شيء."

"بالتأكيد، شكرا لك."

أخذ الموظف حقيبتي وذهب لوضعها في الغرفة. جلست وانتظرت وصول رامي في الردهة، وبعد خمس دقائق جاء متسللا من ورائي وقال: "ألن نتناول الفطور؟ أنا أتضور جوعا."

قلت له: "لنذهب! كنت في انتظارك. في الحقيقة، باق خمس عشرة دقيقة وسيزيلون المقصف."

صعدنا إلى الطابق الأول ودخلنا المطعم. كان المقصف كبيرا، وكان هناك الكثير من الناس. كان الطعام لذيذا جدا. كانت الخضار طازجة، خاصة الطماطم والخيار. كان هناك جبن، زبادي، زيت، زعتر، نقانق، وجميع أنواع البيض، مقلي ومسلوق، ناهيك عن الفاكهة! لقد تهت بين الطعام. ملأت طبقين، أحدهما لي والآخر لرامي، وعدت إلى الطاولة.

"ما رأيك في الفندق؟"

"جميل جدا. بصراحة، أبوك دللنا."

"صحيح! المكان جميل جدا."

"حسنا، لنأكل حتى نبدأ الاحتفال بعيد ميلادك يا صديقي."

"أنا شبعت. سأسبقك إلى الغرفة وأغير ملابسي. الغرفة رقم 214."

"حسنا، سأتبعك بعد عشر دقائق."

❖ ❖ ❖

صعدت إلى الغرفة، فتحت الباب ودخلت. كانت الغرفة واسعة وجميلة. كان حمامها كبيرا ويطل على حمام السباحة. اتصلت بالمنزل من الهاتف الموجود في الغرفة لأطمئنهم أننا وصلنا. ثم استحميت سريعا وارتديت ملابسي. خرجت من الحمام لأجد رامي في الغرفة. "رامي، لنذهب ونلحق بالمرشد السياحي قبل أن ينطلق مع المجموعة."

"اذهب. سأغير ملابسي وألحق بك بعد خمس دقائق."

نزلت إلى الردهة والتقيت بالمجموعة. كان المرشد السياحي يتحدث معهم. "جولتنا في البتراء ستستغرق ثلاثة أيام. سنبدأ اليوم الساعة الحادية عشرة والنصف ونعود الساعة السادسة لأن اليوم هو يوم الوصول. غدا وبعد غد، سننطلق الساعة التاسعة. سنركب الخيول أو الجمال من نقطة انطلاق السيق حتى الخزنة، ثم نواصل السير على الأقدام. أطلب منكم جميعا لبس القبعات أو الكوفية لتحميكم من الشمس، ولا تنسوا الماء."

لم يكن معي قبعة ولا كوفية ولا حتى ماء. ذهبت إلى موظفة الاستقبال وسألتها: "مرحبا، من فضلك، من أين يمكنني شراء قبعة أو كوفية؟"

"يوجد محل في الطابق الأرضي ستجد فيه كل ما تحتاج إليه"

"شكرا لك"

ذهبت واشتريت كوفية، واحدة سوداء والأخرى حمراء، وزجاجتين من الماء؛ واحدة لي والثانية لرامي. عدت ووجدت المجموعة بدأت في التحرك إلى نقطة الانطلاق من أول السيق. أعطيت رامي الكوفية السوداء والماء ومشينا معهم.

وصلنا إلى مكان الخيول وركبناها ثم بدأ المرشد يقول: "البتراء، أو المدينة الوردية، واحدة من عجائب الدنيا السبع، وهي مدينة منحوتة في الصخور الوردية. وهذا السيق هو الطريق السهل الوحيد للوصول إلى عاصمة المملكة النبطية، يبلغ طولها 1200 مترا، ومتوسط عرضها سبعة أمتار، مما جعل هذه العاصمة محمية من هجمات الجيوش فمهما كان عدد الجيش كبيرا، ستجد عددا قليلا فقط في خط المواجهة الأمامي ويمكن محاربته بسهولة"

سأل شخص من المجموعة المرشد وقال: "حسنا، وكيف سقطت البتراء؟"

فأجاب المرشد: "في سنة 106 ميلادي حاصر الرومان المدينة وقطعوا مصادر المياه واحتلوها بلا مقاومة." وتابع حديثه قائلا: "ومع احتلال العاصمة انتهت الدولة النبطية وأصبحت ولاية رومانية."

كان حديثه عن تاريخ الأنباط والعرب ممتعا، وكان الجو لطيفا. ودون أن نلاحظ المسافة وصلنا إلى نهاية السيق ورأينا منظرا مهيبا. شيئا فشيئا، بدأت قطعة فنية محفورة في الصخر الوردي تكشف عن نفسها حتى اكتملت، ورأينا الخزنة، وترجلت من على ظهر الحصان لأنظر بامعان على تفاصيل الخزنة. بدأ الناس في التقاط الصور، وكان هناك مصور يلتقط صورا لنا. لقد التقط صورا جميلة لي ولرامي.

وعندما انتهى المصور سألته: "كم تكلفة هذه الصور؟"

أجاب: "خمسة دنانير. هل يمكنك أن تعطيني بريدك الإلكتروني حتى أتمكن من إرسال الصور إليك بالبريد الإلكتروني غدا؟"

سألته: "هل يمكنك طباعة صورة أو صورتين؟ سأعود إلى هنا غدا، وسآخذهم منك."

"بالطبع لكن هذا سيكلفك عشرة دنانير. وأريد رقم هاتفك لترتيب لقائنا هنا."

"آسف، لا أستخدم الهاتف الخليوي."

"حسنا، ما الفندق الذي تقيم فيه؟"

"في فندق موفنبيك، غرفة رقم 214. تفضل النقود."

"شكرا، وها هي بطاقة عملي. الليلة أو صباح الغد على أبعد تقدير، سأضع لك الصور في قسم الاستقبال."

أخذت بطاقته، وكانت المجموعة أمامنا ودخلت الخزنة.

دخلنا الخزنة بينما كان المرشد يقول: "أطلق عليها البدو اسم الخزنة لاعتقادهم بوجود كنز في الجرة فوق واجهتها، لكن في الحقيقة هي عبارة عن قبر ملكي".

واصلنا جولتنا سيرا على الأقدام. لم أكن أتوقع أن تكون البتراء بهذه المساحة، بها العديد من المعابد والمسارح والمنازل والمقابر - كلها منحوتة في الصخر. لذا سألت المرشد: "كم تبلغ مساحة البتراء؟"

فأجاب: "تبلغ مساحة المحمية الأثرية 264 كيلومترا مربعا، واليوم سنرى فقط مقدار 30% من آثارها."

وصلنا إلى مكان يشبه الخزنة ولكنه أكبر منها قليلا، وقال المرشد: "هذا هو الدير، أكبر معلم في البتراء. كما ترون، هناك كرسيان في الغرفة، وفي الوسط منصة للإله. كان هذا الدير يستخدم لتكريم الملك الإله عبادة الأول."

سأل أحد أفراد المجموعة المرشد وقال: "ولماذا يسمى بالدير، ولماذا هناك صلبان محفورة على المنصة؟ هل كان الأنباط مسيحيون؟"

أجاب: "لا، لم يكونوا مسيحيين، ولكن بعد أن احتل الرومان البيزنطيون منطقة الشام، حولوها إلى دير للرهبان المسيحيين، ورسموا هذا الصليب فوق المنصة، وأصبح اسمه الدير."

قال لي رامي بصوت منخفض: "أريد أن أعيش في هذا الدير، وأكون الملك الإله".

ضحكت وقلت له: "يبدو أنك أصبت بضربة شمس، وبدأت في الهذيان."

ابتسم وقال: "أليست الحياة هنا أفضل من عمان وحركة المرور فيها؟"

"بالطبع. سبقتنا المجموعة، هيا يا جلالة الملك لنتبعهم قبل أن نضيع في مملكتك."

ضحكنا وتبعنا المجموعة، وانتهت جولة اليوم الأول، وركبنا الخيول وعدنا إلى الفندق.

❖ ❖ ❖

بينما كنا نصعد إلى الغرفة، نادتني موظفة الاستقبال وقالت: "سيد عزيز، أتسمح لي بلحظات من وقتك؟"

ذهبت إليها وقلت لها: "تفضلي"

"معي رسالة لك، لقد اتصل بك والدك على الغرفة، ولم يجدك وطلب مني أن أخبرك أن تتصل به بمجرد وصولك، لكنني طمأنته وأخبرته أنك مع المجموعة في جولة سياحية."

"شكرا لك، سأصعد إلى الطابق العلوي وأتصل به الآن."

استدرت للمغادرة وسمعتها تسألني: "هل تحب النجوم؟"

نظرت إليها وقلت: "لم أفهم قصدك."

"سنذهب اليوم إلى الصحراء بعد العمل، لا يوجد ضوء قمر الليلة، وهذا أفضل وقت لرؤية النجوم وشرب الشاي البدوي." وتابعت حديثها قائلة: "أتود أن تأتي؟"

"نعم، بالتأكيد!"

ابتسمت وقالت: "جيد! سنلتقي هنا في الردهة بعد العشاء."

لا أعرف كيف وافقت بهذه السرعة. هل دعتني وحدي؟ أم أن كل المجموعة ستذهب؟ كنت سعيدا وفي نفس الوقت متوترا.

❖ ❖ ❖

صعدت إلى الغرفة، وكان رامي يستحم ويرتدي ملابسه لنتناول وجبة العشاء.

سألني رامي: "ماذا كانت تريد منك الآنسة اللطيفة؟"

"اتصل أبي وترك لي رسالة. يريدني أن أعاود الاتصال به."

"ولماذا تبدو في حيرة من أمرك؟"

"لقد دعتني لاحتساء الشاي البدوي الليلة في الصحراء."

"اذهب، اذهب، يا دون جوان!"

"من دون جوان؟ لم يسبق لي أن خرجت مع فتاة."

"لكل شيء بداية يا عزيز. هيا استعد وارتدي ملابسك، وأنا سوف أتناول العشاء معك، ثم أعود إلى الغرفة للنوم لأنه من الواضح أنني بالفعل أصبت بضربة شمس."

ذهب رامي إلى المطعم، واتصلت بأبي لأطمئنه، استحميت وارتديت ملابسي ونزلت لتناول العشاء.

ذهبت إلى المطعم. كان المكان مزدحما. بحثت عن رامي فوجدته جالسا بمفرده على طاولة صغيرة بجوار النافذة. ذهبت وجلست معه. تناولنا العشاء وقبل أن أقوم جاء النادل ومعه كعكة عليها شموع! وبدأ هو وبقية الموظفين في الغناء: "عيد ميلاد سعيد..."

وبدأ كل الأشخاص في المطعم بالغناء معهم. شعرت بالحرج، لكنني كنت سعيدا. وضعوا الكعكة على الطاولة أمامي، وكان مكتوبا عليها: "من أبيك وأمك إلى أعز عزيز، عيد ميلاد سعيد!"

طلبوا مني أن أتمنى أمنية قبل أن أطفئ الشموع. أغمضت عيني وتمنيت أن أصبح شخصا أفضل بدءا من اليوم، وأن أجعل أبي وأمي فخورين بي.

أطفأت الشموع وقطعت الكعكة، وبدأ النادل في تقطيعها وتوزيعها على الناس. كانت كعكة كبيرة بالشوكولاتة كما أحب، تناول الجميع الكعكة.

أكلنا الكعكة، وقبل أن ننهض، أعطاني رامي علبة وقال: "عيد ميلاد سعيد! هذه هدية بسيطة."

فتحت الصندوق ووجدت سوارا فضيا عليه أحجار فيروزية. شكرا رامي! لطالما أردت سوارا كهذا. أنت الوحيد الذي يعرف ذوقي جيدا.

"اشتريتها اليوم من البتراء. كنت متأكدا أنها ستعجبك. ارتديها حتى تتذكرني دائما."

"تناسبني تماما!"

”هيا يا دون جوان، حتى لا تتأخر عن موعدك. لاتجعل الفتاة تنتظرك كثيرا. أنا ذاهب إلى الغرفة للنوم، استمتع بوقتك.”

❖ ❖ ❖

صعد رامي إلى الغرفة وذهبت إلى قسم الاستقبال لإجراء مكالمة هاتفية. اتصلت بأبي وأمي وشكرتهما على المفاجأة اللطيفة، ثم ذهبت إلى الردهة لمقابلة مريم. وقفت في الردهة أنظر حولي ولم أجدها، فجلست أنتظرها.

وبعد فترة وجيزة أتت إلي فتاة وقالت: ”عيد ميلاد سعيد!”

أجبتها: ”شكرا لك!” ركزت قليلا وسألتها: ”مريم؟”

قالت لي ضاحكة: ”نعم. مريم، ألم تعرفني بدون الزي الرسمي وتسريحة ذيل الحصان؟”

”لا ، بصراحة لم أعرفك.”

سألتني مداعبة: ”أيهما أفضل؟ هذه الملابس أم ملابس العمل؟”

أجبتها: ”كلاهما رائعان.”

ضحكت وقالت: ”يبدو أنك دبلوماسي، هيا كي لا نتأخر.”

مشيت معها وفكرت كيف أنني لم أكن صريحا معها، فهي بفستانها وتسريحة شعرها هذه أجمل بكثير. اقتربنا من سيارة حمراء مكشوفة. كانت متوقفة في موقف سيارات الفندق.

ركبنا السيارة وقلت لها: ”ما شاء الله، سيارتك جميلة جدا!”

أجابت: ”أحب الصحراء وكل ما يتعلق بها. لهذا السبب اشتريت هذه السيارة من نوع رانجلر، وهي سيارة صحراوية تتيح لك رؤية السماء أثناء القيادة.”

”أهذا هو سبب عملك في البتراء؟”

”أجل، تخرجت في كلية السياحة والفنادق منذ ثلاث سنوات وعملت في فندق صغير في وادي رم لمدة عام ثم جئت إلى هنا.”

”هل عائلتك معك هنا؟”

"لا، عائلتي في عمان. أذهب لرؤيتهم ولرؤية أصدقائي في عمان كل أسبوعين. أقضي ثلاثة أيام هناك، ثم أعود."

"هل لديك الكثير من الأصدقاء؟"

"أجل، في عمان وهنا، وبعد قليل ستلتقي بأصدقائي الموجودين في البتراء."

كنت أفكر في صمت: أصدقاؤها؟ هل هناك أشخاص غيرنا؟ لم تخبرني. كنت أتمنى لو طلبت من رامي أن يأتي.

أوقفت مريم السيارة وقالت: "من هنا علينا أن نمشي 15 دقيقة فقط."

أخرجت مصباحا يدويا من حقيبتها، وأعطته لي، وقالت: "لا يوجد قمر الليلة. استخدم هذا المصباح اليدوي وراقب خطواتك."

صعدنا الجبل ووصلنا بعد ربع ساعة. كان المكان مظلما، وكان هناك نار وأناس يجلسون حولها.

وصلنا، وسلمت مريم عليهم وقالت: "أعرفكم على عزيز، عزيز، هؤلاء أصدقائي جود وسامي ورانيا وكمال."

رحبوا بي بحرارة وجلسنا، أعطاني كمال كوبا من الشاي وقال: "أهلا وسهلا بك يا عزيز، تفضل هذا الشاي البدوي المصنوع على نار الحطب."

"شكرا لك."

شربت الشاي بينما كنا نتحدث ونتعرف على بعضنا البعض. لا أتذكر أنني جلست مثل هذه الجلسات من قبل. في البداية، كنت متوترا لكن بعد ذلك شعرت بالارتياح. كانوا أناسا طيبين وتحدثوا عن الطبيعة وجمالها، وكيف يجب أن نقدر الحياة ونعيش كل لحظة فيها.

قالت لي مريم: "عزيز، تعال وأحضر المصباح معك. أريد أن أريك شيئا."

ذهبت معها ومشينا قليلا. وصلنا إلى حافة الجبل ورأينا الخزنة من فوق. كانت الأرض مضيئة أمام مكان الخزنة من الفوانيس الكثيرة. كان مشهدا ساحرا.

قلت لمريم: "اليوم كنت هناك في الأسفل، لكن منظر الخزنة من هنا ساحر جدا."

قالت: "أطفئ المصباح وأنظر إلى السماء."

نظرت إلى السماء ورأيت سجادة من النجوم، تفاصيل لم أرها من قبل في حياتي. كانت النجوم واضحة وكأنها غير حقيقية، وكأنها سماء أخرى وليست سماء عمان.

"أترى؟ إلى اليمين، هناك شيء مثل السحابة. هذا هو درب التبانة، وهذا هو نجم الشمال."

بدأت مريم تخبرني بأسماء النجوم والأبراج في السماء. شعرت بمشاعر لم أشعر بها من قبل. شعرت بانعدام الحدود، شعرت بالحرية.

تجرأت وسألت مريم: "لماذا دعوتني أنا رغم وجود الكثير من الأشخاص في مجموعتنا؟"

"لأنك مختلف. شخصيتك أثارت فضولي، وأردت التعرف عليك أكثر. وعندما تحدث والدك معي وطلب مني ترتيب مفاجأة عيد ميلادك، أثرت فضولي أكثر."

وتابعت حديثها قائلة: "هل لي أن أسألك؟ لماذا تقضي عيد ميلادك في البتراء بعيدا عن أصدقائك وعائلتك؟ يبدو أنهم يحبونك ويهتمون لأمرك."

"كنت أرغب دائما في زيارة البتراء، وصديقي رامي يحبها كثيرا. إنه صديقي الوحيد، لذلك قررنا قضاء عيد ميلادي هنا."

"لماذا لم تحضره معنا؟ أين هو الآن؟"

"بصراحة، هذه هي المرة الأولى التي تدعوني فيها فتاة للخروج، ولم أكن أعرف ما إذا كان من المناسب أن يأتي أم لا."

ابتسمت وقالت: "كنت أعرف أنك مختلف."

"مختلف على نحو جيد أم على نحو آخر؟"

"مختلف على نحو جميل."

"غدا سأدعوك أنت ورامي إلى مكان جميل، لكن علينا العودة الآن، لأننا جميعا لدينا عمل في الصباح الباكر." ثم ضحكت وقالت: "لسنا سائحين مثلك يا سيد عزيز".

شكرت أصدقاء مريم على الشاي وودعتهم، ثم ذهبنا أنا ومريم إلى السيارة. أوصلتني إلى الفندق، وقبل أن أتركها قلت لها: "لقد كانت أمسية لطيفة، شكرا لك يا مريم."

أجابت: "أجل، لقد كانت أمسية جميلة، عيد ميلاد سعيد يا عزيز."

"تصبحين على خير."

خرجت من السيارة سعيدا وشعرت وكأنني أشم رائحة الورد، وأن طيورا تغرد في قلبي. وأن عقلي صاف، وينتابني شعور لم أشعر به من قبل، وكأن نورا أضيء في صدري.

❖ ❖ ❖

دخلت الغرفة ببطء حتى لا أوقظ رامي، رغم أنني أردت حقا إيقاظه وإخباره بما حدث وعن مدى سعادتي، لكنه لم يكن في سريره أو في الحمام. الوقت متاخر. إلى أين ذهب؟

نزلت للبحث عنه في الردهة. لم أره، وكان المطعم مغلقا. سألت موظف الاستقبال: "هل ترك لي أحد رسالة؟

أجابني: ما هو رقم الغرفة؟

"214"

"نعم، هناك رسالة لك."

شعرت بالارتياح وطلبت منه أن يعطيني الرسالة، لكن للأسف كان ظرفا مختوما ومطبوعا عليه اسم محل التصوير. أحضر المصور الصور كما وعدنا.

سألت الموظف عن رامي. أخبرني أنه لم يره ولم يترك رسالة. أين ذهب؟ بحثت عنه بجوار حمام السباحة والحديقة. لم يكن هناك.

عدت إلى الغرفة للتحقق مما إذا كان قد ترك لي ملاحظة، لكنني لم أجد شيئا. هل يحتمل أن يكون قد انزعج لأنني خرجت مع مريم وتركته وحيدا؟ لكن كل متعلقاته لا تزال موجودة.

تذكرتا الحافلة، والمال كله هنا. أين يمكن أن يكون؟ ربما لم يستطع النوم وذهب يتمشى.

جلست على السرير في انتظاره، وبسبب اليوم الطويل المتعب، لا أعرف كيف نمت.

❖ ❖ ❖

استيقظت في الصباح. لم يكن رامي في الغرفة. لم يعد بعد. بدأت أبحث في أغراضه. كل أشياءه موجودة، وحتى أنه لم يأخذ مفتاح غرفته.

ذهبت إلى الاستقبال كالمجنون، ووجدت مريم واقفة في مكتب الاستقبال.

قلت لها: "مريم، لقد خرج رامي أمس ولم يعد إلى الآن."

خرجت مريم من خلف المكتب وقالت لي: "تعال واجلس. تبدو متعبا، حتى أنك لم تغير ملابسك منذ الأمس."

"مريم، أنا قلق على رامي، ربما حدث له شيء ما."

"اهدأ يا عزيز. الوضع آمن للغاية هنا، ومن المحتمل أنه التقى بشخص ما وخرج معه إلى المخيم. قريبا ستجده، وستتناولان الفطور معا."

طلبت لي قهوة وحاولت تهدئتي.

قلت لها: "أريد أن أذهب إلى الغرفة لأتصل بوالدي."

"ابق مكانك. سأحضر لك الهاتف."

أحضرت لي الهاتف، واتصلت بأبي. "مرحبا؟ أبي؟ لم أر رامي منذ الأمس. كنت بالخارج، وعندما عدت إلى الغرفة لم أجده. لم يحضر حتى الآن، ولم يره أحد!"

"حسنا، عزيزي، أريدك أن تهدأ. أنا وأمك سنأتي إليك الآن. سنجد حلا. ابق في الفندق حتى نصل."

"حسنا. لا تتأخر."

"لا تقلق، نحن في طريقنا يا عزيزي."

أغلقت الخط، وأعدت الهاتف إلى مريم، وطلبت منها أن تطلب من رامي الجلوس إذا ظهر حتى أعود إليه.

سألتني مريم وأنا خارج من باب الفندق: "عزيز، إلى أين أنت ذاهب؟"

"أعرف أين قد يكون."

❖ ❖ ❖

كان الوقت مبكرا، ولم يخرج أحد من السياح من الفنادق. كنت أبحث عن شخص لأستأجر منه حصانا، لكن لم يكن هناك أحد، لكنني وجدت شخصا لديه حمار.

"من فضلك، هل الحمار للإيجار؟"

فقال مازحا: "صباح الخير أولا! وثانيا، نعم للإيجار."

"حسنا، أريد أن آخذه إلى الدير وأعود."

"لكن البوابة لم تفتح للسياح بعد."

"بحلول الوقت الذي أصل إليه، سيبدؤون في السماح للناس بالدخول."

"كما يحلو لك. 20 دينارا من فضلك."

"تفضل."

ركبت على الحمار وتوجهت نحو البوابة، وبالفعل كنت أول من يدخل المحمية. دخلت السيق، لكن هذه المرة شعرت أنه أطول بعشر مرات من الأمس، ولا ينتهي أبدا. وبمجرد وصولي إلى الخزنة، سألت أحد الحراس عن أقرب طريق للدير.

وصلت الدير وترجلت عن الحمار ودخلت. وكما توقعت وجدت رامي جالسا على المنصة. شعرت بالارتياح والغضب في نفس الوقت، وصرخت في وجهه قائلا: "أين كنت؟ كنت خائفا عليك كثيرا!"

رد بكل برود: "لا تصرخ عندما تكون في حضرة الملك الإله."

"رامي، هذا ليس وقت المزاح. دعنا نذهب، علينا العودة إلى الفندق لكي أطمئن والدي وأطلب منه العودة إلى عمان قبل وصوله إلى هنا."

"لا يا عزيز، دعه يأتي ليأخذك. لن أعود معك."

"لا أفهم. ماذا تقصد؟"

"لن أعود معك لأني لم آتي معك."

"يبدو أنك أحببت هذا الدور وتتحدث بالألغاز."

"أريد أن أسألك سؤالا، يا عزيز. لماذا لا تزور بيتي أبدا؟"

"لم تسنح لي الفرصة قط. لا يوجد سبب آخر."

"خمسة عشر عاما من الصداقة، ولم تأت لزيارتي مرة واحدة؟ سأخبرك لماذا، لأنني لا أملك منزلا."

واصل رامي حديثه وقال: "يا عزيز، بعد الحادث الذي تعرضنا له في حافلة المدرسة أثناء ذهابنا إلى رحلة البتراء، استيقظت أنت من الغيبوبة بعد عامين، لكنني لم أستيقظ."

بدأت أصاب بصداع، وما كان يقوله رامي أزعجني.

صرخت في وجهه وقلت له: "لا أريد أن أتذكر هذا الحادث!! استيقظت ووجدتك جالسا بجواري، في انتظاري لأستيقظ."

"يا عزيز، لم أنج من الحادث. لقد مت."

بدأت أشعر بتشوش في الرؤية وكان رأسي على وشك الانفجار وكأن الدنيا تدور حولي، ثم أصبت بالإغماء ووقعت على الأرض.

❖ ❖ ❖

فتحت عيني ووجدت والدي بجانبي. نظرت حولي ووجدت نفسي في غرفتي في المنزل.

قالت لي أمي بلهفة: "حبيبي عزيز، الحمد لله على سلامتك."

"كيف وصلت إلى هنا؟"

أجاب أبي: "وجدناك فاقدا للوعي في الدير، وأخذناك إلى المنزل. كيف حالك الآن يا حبيبي؟"

"أشعر بالعطش. أريد شيئا أشربه."

سألت أمي بينما كانت تسكب لي كوبا من الماء: "كم الساعة الآن؟ كم مضى من الوقت وأنا في حالة الإغماء هذه؟"

نظرت إلى أبي وقالت لي: "لقد كنت نائما منذ يومين."

"هل أحضرتما أغراضي من غرفة الفندق؟"

"نعم، كل أغراضك هنا."

"أمي، هل يمكنك أن تعطيني حاسوبي المحمول؟"

"بالطبع يا حبيبي."

أحضرت لي أمي الحاسوب المحمول. فتحت بريدي الإلكتروني ووجدت البريد الإلكتروني من المصور. فتحت الصور، وكنت وحدي في كل الصور. لم يكن رامي معي. نظرت إلى أبي وأمي وقلت لهم: "رامي مات!"

بدأت أمي في البكاء. وقال أبي: "نعرف هذا، وفي كل مرة كنا نقول لك هذا تصاب بالإغماء. لم تتقبل هذه الحقيقة، لكنك تعرفها الآن. هذه هي المرة الأولى منذ 15 عاما التي تقول فيها هذه الجملة."

"أبي وأمي، أريد أن أكون وحدي. من فضلكم."

غادرا الغرفة وبدأت في البكاء. لدي 15 عاما من الذكريات مع صديقي الوحيد، هل من المعقول أن تكون كلها أوهام؟ أتذكر كل المواقف والكلام والضحك الذي دار بيننا. رامي، لقد وقفت معي وكنت صديقا مخلصا حتى عندما كنت غائبا. رحمك الله. أنا لن أنساك.

دق أحدهم على باب الغرفة، وفتحت أمي الباب وقالت: "هناك شخص ما هنا يريد الاطمئنان عليك."

قالت لي مريم بابتسامتها الجميلة وهي تعطيني باقة من الزهور: "الحمد لله على سلامتك يا عزيز."

ومنذ ذلك اليوم، لم نفترق أنا ومريم أبدا. أصبحت صديقتي وحبيبتي وزوجتي ووالدة أطفالي. أكملت تعليمي وساعدت والدي في العمل، وفي كل عام نذهب لزيارة قبر رامي... وأحيانا يزورني رامي.

COMPREHENSION QUESTIONS

1. مَنْ هُمِ الشَّخْصِيّاتُ الرَّئيسِيَّةُ في القِصَّةِ؟
2. لِماذا كانَ والِدا عَزيزٍ يَرْفُضانِ رامي كَصَديقٍ لِابْنِهِما؟
3. أَيْنَ قَرَّرَ عَزيزٌ وَرامي قَضاءَ عيدِ الميلادِ؟
4. ما كانَتْ وَظيفَةُ مَرْيَمَ في الفُنْدُقِ؟
5. كَمْ كانَ عُمْرُ عَزيزٍ في القِصَّةِ؟
6. ماذا حَدَثَ لِعَزيزٍ وَرامي قَبْلَ 15 عامًا؟
7. كَيْفَ عَرَفَ عَزيزٌ أَنَّ رامي لَمْ يَكُنْ حَقيقِيًّا؟
8. لِماذا اِخْتارَ رامي الدَّيْرَ لِيَجْلِسَ فيهِ؟
9. ماذا فَعَلَ والِدا عَزيزٍ عِنْدَما عَلِما بِاخْتِفاءِ رامي؟
10. ماذا حَدَثَ بَيْنَ عَزيزٍ وَمَرْيَمَ بَعْدَ أَنِ اسْتَيْقَظَ في المَنْزِلِ؟
11. كَيْفَ كانَتْ شَخْصِيَّةُ عَزيزٍ في القِصَّةِ؟
12. إِلى أَيْنَ أَخَذَتْ مَرْيَمُ عَزيزًا في أَوَّلِ لِقاءٍ بَيْنَهُما؟
13. ما كانَتْ هَدِيَّةُ رامي لِعَزيزٍ في عيدِ ميلادِهِ؟
14. ما كانَ مَوْضوعُ حَديثِ مَرْيَمَ وَأَصْدِقائِها حَوْلَ النّارِ؟
15. كَيْفَ كانَ رَدُّ فِعْلِ عَزيزٍ عِنْدَما عَرَفَ الحَقيقَةَ عَنْ رامي؟
16. كَمْ كانَ عُمْرُ عَزيزٍ عِنْدَما وَقَعَ الحادِثُ؟
17. لِماذا لَمْ يَكُنْ عَزيزٌ يَزورُ مَنْزِلَ رامي؟
18. كَيْفَ كانَتْ عَلاقَةُ عَزيزٍ مَعَ والِدَيْهِ؟
19. ما المُفاجَأَةُ الَّتي رَتَّبَها والِدا عَزيزٍ في الفُنْدُقِ؟
20. ما سَبَبُ إِغْماءِ عَزيزٍ في الدَّيْرِ؟

1. Who are the main characters in the story?
2. Why did Aziz's parents reject Ramy as a friend for their son?
3. Where did Aziz and Ramy decide to spend the birthday?
4. What was Maryam's job at the hotel?
5. How old was Aziz in the story?
6. What happened to Aziz and Ramy 15 years ago?
7. How did Aziz discover that Ramy wasn't real?
8. Why did Ramy choose the monastery to sit in?
9. What did Aziz's parents do when they learned of Ramy's disappearance?
10. What happened between Aziz and Maryam after he woke up at home?
11. What was Aziz's personality like in the story?
12. Where did Maryam take Aziz on their first meeting?
13. What was Ramy's birthday gift to Aziz?
14. What did Maryam and her friends talk about around the fire?
15. How did Aziz react when he learned the truth about Ramy?
16. How old was Aziz when the accident happened?
17. Why didn't Aziz visit Ramy's house?
18. How was Aziz's relationship with his parents?
19. What surprise did Aziz's parents arrange at the hotel?
20. What caused Aziz to faint at the monastery?

ANSWERS TO THE COMPREHENSION QUESTIONS

1. عَزيزٌ، وَرامي (صَديقُهُ المُتَخَيَّلُ)، وَمَرْيَمُ.
2. لِأَنَّهُ كانَ مِنْ عائِلَةٍ فَقيرَةٍ وَخَشِيا تَأْثيرَهُ عَلى حَياةِ عَزيزٍ الِاجْتِماعِيَّةِ.
3. قَرَّرا الذَّهابَ إِلى البَتْراءِ.
4. كانَتْ مُوَظَّفَةَ اسْتِقْبالٍ.
5. ثَلاثينَ عامًا.
6. وَقَعَ حادِثُ حافِلَةٍ مَدْرَسِيَّةٍ، دَخَلَ عَزيزٌ في غَيْبوبَةٍ لِمُدَّةِ عامَيْنِ وَتُوُفِّيَ رامي.
7. عِنْدَما رَأى صُوَرَ المُصَوِّرِ وَلَمْ يَكُنْ رامي مَوْجودًا فيها.
8. لِأَنَّهُ كانَ يَتَخَيَّلُ نَفْسَهُ مَلِكًا إِلَهًا.
9. ذَهَبا إِلى البَتْراءِ لِلْبَحْثِ عَنْهُ.
10. أَصْبَحا صَديقَيْنِ ثُمَّ تَزَوَّجا وَأَنْجَبا أَطْفالًا.
11. كانَ انْطِوائِيًّا وَلَمْ يَكُنْ لَدَيْهِ صَديقٌ سِوى رامي.
12. أَخَذَتْهُ إِلى مَكانٍ مُرْتَفِعٍ لِمُشاهَدَةِ النُّجومِ وَالخَزْنَةِ.
13. سِوارًا فِضِّيًّا ذا أَحْجارٍ فَيْروزِيَّةٍ.
14. تَحَدَّثوا عَنْ جَمالِ الطَّبيعَةِ وَأَهَمِّيَّةِ تَقْديرِ الحَياةِ.
15. بَكى وَبَدَأَ يَتَذَكَّرُ جَميعَ المَواقِفِ الَّتي مَرَّ بِها مَعَ رامي.
16. خَمْسَةَ عَشَرَ عامًا.
17. لِأَنَّهُ لَمْ يَكُنْ هُناكَ مَنْزِلٌ في الحَقيقَةِ، فَقَدْ كانَ رامي شَخْصِيَّةً مُتَخَيَّلَةً.
18. كانَتْ عَلاقَةً طَيِّبَةً وَكانا شَديدَيِ الِاهْتِمامِ بِهِ.
19. أَحْضَرا لَهُ كَعْكَةً وَغَنَّيا لَهُ عيدَ ميلادٍ سَعيدٍ.
20. لِأَنَّهُ اكْتَشَفَ أَنَّ رامي كانَ مُجَرَّدَ وَهْمٍ.

1. Aziz, Ramy (his imaginary friend), and Maryam.
2. Because he was from a poor family and they feared his influence on Aziz's social life.
3. They decided to go to Petra.
4. She was a receptionist.
5. 30 years old.
6. There was a school bus accident; Aziz was in a coma for two years and Ramy died.
7. When he saw the photographer's pictures and Ramy wasn't in them.
8. Because he imagined himself as a god-king.
9. They went to Petra to look for him.
10. They became friends, then got married and had children.
11. He was introverted and had no friends except Ramy.
12. She took him to a high place to see the stars and the Treasury.
13. A silver bracelet with turquoise stones.
14. They talked about nature's beauty and the importance of appreciating life.
15. He cried and began remembering all his moments with Ramy.
16. 15 years old.
17. Because there was no house - Ramy was an imaginary character.
18. It was a good relationship and they cared about him very much.
19. They brought him a cake and sang happy birthday.
20. Because he discovered that Ramy was just an illusion.

SUMMARY

Read the scrambled summary of the story below. Write the correct number (1–10) in the blank next to each event to show the proper sequence.

___ عِنْدَما رَأى الصُّوَرَ الَّتي الْتَقَطَها المُصَوِّرُ، لَمْ يَكُنْ رامي مَوْجودًا فيها.

___ في الفُنْدُقِ، تَعَرَّفَ عَلى مَرْيَمَ مُوَظَّفَةِ الِاسْتِقْبالِ وَخَرَجا مَعًا لِمُشاهَدَةِ النُّجومِ.

___ تَزَوَّجَ عَزيزٌ مِنْ مَرْيَمَ وَعاشا حَياةً سَعيدَةً، وَأَصْبَحَ يَزورُ قَبْرَ رامي كُلَّ عامٍ.

___ بَعْدَ عَوْدَتِهِ إِلى الفُنْدُقِ، لَمْ يَجِدْ رامي في الغُرْفَةِ، وَظَلَّ يَبْحَثُ عَنْهُ.

___ في عيدِ ميلادِهِ، قَرَّرَ عَزيزٌ الذَّهابَ مَعَ رامي إِلى البَتْراءِ، وَوافَقَ والِداهُ بَعْدَ اسْتِشارَةِ طَبيبِهِ.

___ أَدْرَكَ عَزيزٌ أَنَّ رامي كانَ شَخْصِيَّةً مُتَخَيَّلَةً خَلَقَها عَقْلُهُ بَعْدَ حادِثِ الحافِلَةِ المَدْرَسِيَّةِ.

___ عَزيزٌ شابٌّ أَرْدُنِيٌّ يَبْلُغُ مِنَ العُمْرِ ثَلاثينَ عامًا، وَلَيْسَ لَدَيْهِ صَديقٌ سِوى رامي الَّذي رافَقَهُ مُنْذُ أَيّامِ المَدْرَسَةِ.

___ أُغْمِيَ عَلى عَزيزٍ في الدَّيْرِ وَاسْتَيْقَظَ في مَنْزِلِهِ بَعْدَ يَوْمَيْنِ.

___ في اليَوْمِ التّالي، ذَهَبَ عَزيزٌ إِلى الدَّيْرِ وَوَجَدَ رامي هُناكَ، وَأَخْبَرَهُ أَنَّهُ تُوُفِّيَ في حادِثٍ قَبْلَ خَمْسَةَ عَشَرَ عامًا.

___ كانَ والِدا عَزيزٍ يَرْفُضانِ رامي لِأَنَّهُ مِنْ عائِلَةٍ فَقيرَةٍ وَخَشِيا تَأْثيرَهُ عَلى حَياةِ ابْنِهِما.

Key to the Summary

8 When he saw the photographer's pictures, Ramy wasn't in any of them.

4 At the hotel, he met Maryam, the receptionist, and they went stargazing together.

10 Aziz married Maryam and they lived a happy life, while he visited Ramy's grave every year.

5 After returning to the hotel, he couldn't find Ramy in the room and kept searching for him.

3 On his birthday, Aziz decided to go to Petra with Ramy, and his parents agreed after consulting his doctor.

9 Aziz realized that Ramy was an imaginary character his mind created after the school bus accident.

1 Aziz is a 30-year-old Jordanian man with only one friend, Ramy, whom he's known since school days.

7 Aziz fainted at the monastery and woke up at home two days later.

6 The next day, Aziz went to the monastery and found Ramy there, who told him he had died in an accident 15 years ago.

2 Aziz's parents disapproved of Ramy because he came from a poor family and they feared his influence on their son.

MODERN STANDARD ARABIC READERS SERIES

www.lingualism.com/msar

www.ingramcontent.com/pod-product-compliance
Lightning Source LLC
Chambersburg PA
CBHW072044040426
42447CB00012BB/3003